초보자를 위한

한국어–몽골어

Солонгос-Монгол

김학선 저

1945

문예림

초보자를 위한

한국어-몽골어 단어장

초판 1쇄 인쇄 | 2009년 5월 1일

초판 1쇄 발행 | 2009년 5월 5일

저 자 | 김학선

발행인 | 서덕일

발행처 | 도서출판 문예림

출판등록 | 1962년 7월 12일 제 2-110호

주소 | 서울특별시 광진구 군자동 1-13호 문예하우스 101호

전화 | 02-499-1281~2

팩스 | 02-499-1283

http://www.bookmoon.co.kr

E-mail:book1281@hanmail.net

ISBN 978-89-7482-489-1(13790)

머리말

한국과 몽골이 1990년 3월 26일 정식 수교를 한 이후 몽골과 한국 간의 교류가 지속적으로 활발해져 가면서, 몽골어를 배우려는 한국인 또한 그 숫자가 날로 늘어나고 있습니다. 수교 20년이 되어가는 지금 몽골에 거주하는 한국교민은 3000명 내외로 증가하였고 해마다 사업, 교육, 선교 등 다양한 목적의 방문객이 점점 늘어나고 있는 반면 이들의 요구 수준을 충족시킬만한 몽골어 교재는 많지 않은 실정입니다. 이러한 시점에서 초급 몽골어 학습자를 위해 소지하기 간편한 한몽단어장을 기획하게 되었습니다. 가능한한 몽골어 기초단어들과 숙어들, 그리고 꼭 필요한 내용의 문장들을 선별하여 게재하였습니다.

몽골어의 특징의 하나인 연어현상으로 한국어에 비해 단어들이 조금 길어지는 감이 없지 않지만 몽골어를 처음 접하는 학습자들에게 도움을 주고자 몽골어 밑에 한글로 발음을 표기해 놓았습니다. 되도록 토박이 화자의 발음에 가깝도록 노력하였습니다만 우리말 표기가 몽골어의 정확한 발음에 해당하지 않는 경우도 있을 수 있음을 밝혀둡니다. 부족하나마 몽골어 학습에 조금이라도 도움이 되기를 다시 한번 기원합니다. 공부하시다가 궁금한 점이나 의문점이 있으시면 제 메일(hakseon66@hanmail.net)로 연락을 주시거나 또는 다음까페 '몽골사랑'에 글로 남겨주세요. 성심성의껏 답변드리겠습니다. 또한 몽골에 관한 다양한 자료는 다음까페 '몽골사랑'(cafe.daum.net/mongolia2003)에 들어오시면 검색하실 수 있음을 알려드립니다. 좀 더 많은 분들이 좀 더 쉽게 몽골어를 접하실 수 있도록 계속 노력하겠습니다.

김학선

차례

ㄱ

가(명령) **яв**
야우

가게 **дэлгүүр**
델구-르

가게주인 **дэлгүүрийн эзэн**
델구-리-잉 에젱

가격 **үнэ**
운

가격표 **үнийн цаас**
우니-잉 차-쓰

가곡 **аяя, аялгуу**
아야, 아얄고-

가구 **тавилга**
타빌락

가기 싫어 **явах дургүй**
야와흐 도르구이

가까운 **ойр**
어이르

가까워? **ойр уу, ойрхон уу?**
어이르 노-, 어이르헝 노-

가끔 **хаяа**
하야

가난한 **ядуу**
야또-

가격이 절반이다 **үнийн тал**
우니-잉탈

가격차가 크다 **үнийн ялгаа их**
우니-잉 얄가- 이흐

가기 전에 작별인사를 드리고 싶습니다.
Явахынхаа өмнө салах ёс хиймээр байна.
야와히-잉하- 우문 살라흐 여쓰 히-메-르 밴

가끔 시장가다 **хаяа зах явдаг**
하야 자흐 야브닥

가늘다	нарийн 나리-잉	가다.	явах 야와흐
가능	боломжтой 벌럼지테	가득 차다	дүүрэх 두-레흐
가능성	боломж 벌럼지	가련한	хөөрхийлэлтэй 후-르히-일렐테

가는 길이야.	Явж байна 야우찌 밴
가는 집마다	очсон айл болгон 어치성 애일 벌겅
가능하시면	боломжтой бол 벌럼지테 벌
가도 되나요?	Явж болох уу? 야우찌 벌러호-
가득 따라 주세요.	Дүүрэн хийж өгнө үү. 두-렝 히-찌 우그누-
가라앉다	живэх, шигдэх, суух 지웨흐, 쉭데흐, 소-흐
가려고 하다	явах гэж байна 야와흐 게찌 밴
가로질러 가다	хөндлөн гарах 훈들릉 가라흐

가렵다 загатнах
작트나흐

가루 нунтаг
논탁

가르치다. заах
자-흐

가리다 хаах, халхлах
하-흐, 할흘라흐

가마(머리) үсний эргүүлэг
우쓰니- 에르구-렉

가면 баг
바크

가뭄 ган
강

가방 цүнх
충흐

가벼운 хөнгөн
료흐끼

가벼운 사고 хөнгөн осол
훙긍 어설

가수 дуучин
도-칭

가스 гааз
가-즈

가스레인지 гаазан плитка
가-장 플리트카

가스를 잠그다 гааз хаах
가-즈 하-흐

가스통 гаазны сав
가-즈니 사우

가슴 цээж, хөх
체-츠, 후흐

가야한다 явах хэрэгтэй
야와흐 헤렉테

가여워라 өрөвдөлтэй юм
우룹둘테 윰

가볍게 생각하다 хөнгөн бодох
훙긍 버떠흐

가사도우미 гэрийн үйлчлэгч
게리-잉 울칠렉치

ㄱ

가엾다 өрөвдөлтэй
우룹둘테

가운데 дунд, гол
돈드, 골

가위 хайч
해치

가을 намар
나마르

가입하다 бүртгүүлэх
부르트구-레흐

가자 явцгаая
야브츠가-이

가재 голын хавч
걸링 합치

가정 гэр бүл, айл гэр
게르 불, 애일 게르

가져오다 авч ирэх
압치 이레흐

가지 않다 явахгүй
야와흐구이

가장 좋아하는 시간 хамгийн дуртай цаг
함기-잉 도르태 착

가장 친한 친구 хамгийн дотны найз
함기-잉 더트니 내쯔

가장(지위) өрхийн тэргүүн
우르히-잉 테르구-웅

가장자리 өрхийн тэргүүний байр суурь
우르히-잉 테르구-니- 배르 소-르

가정환경 гэр бүлийн байдал
게르 불리-잉 배달

가족 모두 함께 즐겁게 гэр бүлээрээ хөгжилтэй
게르 불레-레- 훅질테

가지다	авах 아와흐	각본	эх зохиол 에흐 저헐
가지세요	авна уу 아우노-	각자의	тус тусын 토쓰 토씨잉
가축	мал 말	간격	зай завсар 재 잡싸르
가치	үнэ, үнэ цэнэ 운, 운첸	간단한	хялбар энгийн 햘바르 엥기-잉
가치가 없다	үнэгүй 운구이	간부	удирдлага 오디르들락
가치가 오르다	үнэ өсөх 운 우쓰흐	간장	цуу 초-

가족관계 гэр бүлийн харилцаа
게르 불리-잉 하릴차-

가족들에게 저를 대신해서 안부 전해주세요.
Гэр бүлийхэндээ миний өмнөөс мэнд хүргээрэй.
게르 불리-흥데- 미니- 우무너-쓰 멘드 후르게-레

가족이 어떻게 되세요? Гэр бүл хэдүүлээ вэ?
게르 불 헨두-울레- 웨

가족이 일보다 더 중요하다.
Гэр бүл бол ажлаас илүү чухал.
게르 불 벌 아질라-쓰 일루- 초할

ㄱ

간접적으로 шууд бусаар
쇼-드 보싸-르

간주하다. гэж үзэх
게찌 우제흐

간청하다 гуйлт, хүсэлт
고일트, 후셀트

간판 зарлалын самбар
자르랄링 삼바르

간호사 сувилагч
소빌락치

갈망하다. хүсэх мөрөөдөх
후쎄흐 무르-드흐

간다. 어~ 가(헤어질 때) явах. за, яв яв
야와흐자, 야우 야우

간섭하다 хөндлөнгөөс оролцох
훈드룬거-쓰 어럴처흐

간식을 먹다 хөнгөн хоол идэх
훙긍 허-얼 이데흐

간염예방주사
элэгний үрэвсэлээс сэргийлэх тарилга
엘렉니- 우렙쎄레-쓰 세르길-레흐 타릴락

간이 적당하다. амталгаа нь таарсан
암탈가- 앙 타-르상

간통 завхайрах, самуурах
잡해라흐, 사모-라흐

갈 것이다 явах болно, явна
야와흐 벌른, 야운

갈 길이 멀어. явах зам хол.
야와흐 잠 헐

갈색	бор өнгө 버르 웅그
갈아타다	сольж суух 설찌 소-흐
갈증을 풀다.	цангаа тайлах 창가-텔라흐
감	илжгэн чих 일즈깅 치흐
감기	ханиад 하니아드
감기약	ханиадны эм 하니아드니 엠
감독하다	хянах 햐나흐
감명	халдвар 할드와르
감사하게 여기다	талархах 탈라르하흐
감소되다	хорогдох 허럭더흐
감시	хяналт 햐날트
감염되다	халдварлах 할뜨와를라흐

감기에 걸렸을 땐	ханиад хүрсэн үед 하니아드 후르승 우이드
감기에 걸리다	ханиад хүрэх 하니아드 후레흐
감독(스포츠)	дасгалжуулагч 다스갈쪼-락치
감동이야.	Сэтгэл хөдөлсөн. 세트겔 후둘승
감동하다	сэтгэл хөдлөх 쎄트겔 후둘르

ㄱ

감자 төмс
툼쓰

감자튀김 шарсан төмс
샤르상 툼쓰

감탄하다 гайхах, шагшрах
가이하흐, 샤그쉬라흐

갑옷 хуяг, дуулга
호약, 도-올가

갑자기 гэнэт
겐트

갑자기 말하다 гэнэт хэлэх
겐트 헬레흐

갑자기 울다 гэнэт уйлах
겐트 오이라흐

갑작스럽게 гэнэт
겐트

값을 깎다 үнэ буулгах
우네 보-올가흐

값이 내리다 үнэ буурах
운 보-라흐

값이 비싼 үнэтэй
운테

값이 싼 үнэ хямд
운 햠드

값이 오르다 үнэ өсөх
운 우쓰흐

강 гол
걸

강간 хүчирхийлэл
후치르히-렐

강도 дээрэмчин
데-렘칭

감사합니다. Баярлалаа, талархалаа
바야르라-, 탈라르하라-

감전당하다 цахилгаан гүйдэлд цохиулах
차힐가-앙 구이델드 처훌라흐

감정 сэтгэл, сэтгэлийн хөдлөл
쎄트겔, 쎄트게리-잉 후둘를

ㄱ

강력한 хүчтэй
후치테

강변 маргаан
마르가-앙

강사 багш, лектор
박시, 렉토르

강아지 гөлөг
굴룩

강의하다 хичээл заах
히체-엘 자-흐

갖다 주다 аваачиж өгөх
아와-치찌 우그흐

갖다 эзэмших
에젬쉬흐

같이 가다 хамт явах
함트 야와흐

같이 가자. хамт явъя
함트 야위

개 нохой
너헤

개강하다. хичээл эхлэх
히체-엘 에흘레흐

개구리 мэлхий
멜히-

갔다 오는데 한 시간 안에 될까?
Нэг цагийн дотор яваад ирж болох болов уу?
네끄 차기-잉 더더르 야와-드 이르찌 벌러흐 벌러보

강조하다 онцлох, чухалчлах
언촐러흐, 초할촐라흐

강하게 누르다 хүчтэй дарах
후치테 다라흐

같이 가고 싶다 хамт явмаар байна
함트 야우마-르 밴

같이 나가 놀다 хамт гарч тоглох
함트 가르츠 터글러흐

개띠	нохой жил 너헤 질	개인적으로는	хувиар 호위아르
개막	нээлт 네-엘트	개척하다	эзэмших 에젬쉬흐
개미	шоргоох 셔르거-얼찌	개최하다	нээлт хийх 네-엘트 히-흐
개선	шинэчлэлт 신칠렐트	개혁하다.	шинэчлэлт хийх 신칠렐트
개업	бизнес шинээр хийх 비지네스 시네-르 히-흐	객체	объект 어벡트
개다	цэлмэх 첼메흐	거기	тэр 테르
개인	хувь хүн 호위 훙	거래소	арилжааны цэг 아릴짜-니 첵
개인수표	хувийн чек 호위-잉 체크	거리(도로)	гудамж 고땀지
개인재산	хувийн өмч 호위-잉 움치	거리(멀기)	зай 재

거기 재미있는 것 없어?
Тэнд сонирхолтой юм алга уу?
텐드 서니르헐테 윰 알라고-

거기엔 상점이 많아.
Тэнд дэлгүүр их бий.
텐드 델구-르 이흐 비-

거미줄 аалзны шүлс
아-알즈니 슐스

거북이 яст мэлхий
야스트 멜히-

거실 зочны өрөө
저치니 우러-

거울 өвөл
우월

거위 галуу
갈로-

거의 бараг
바락

거의 매일 бараг өдөр бүр
바락 우드르 부르

거의 없는 бараг байхгүй
바락 배흐구이

거주 оршин суух
어르싱 소-흐

거주자 оршин суугч
어르싱 속-치

거긴 앉지 마. Тэнд битгий суу.
텐드 비트기- 소-

거대하다 аварга, асар том
아브락, 아사르 텀

거래하다 арилжаа солилцох
아릴짜- 설릴처-흐

거스름돈 주세요. Хариулт мөнгө өгнө үү.
하리올트 뭉그 우그누-

거스름돈이 틀려요. Хариулт мөнгө буруу байна.
하리올트 뭉그 보로- 밴

거의 먹지 않다 бараг идэхгүй
바락 이데흐구이

ㄱ

거짓말하다 худал хэлэх
호딸 헬레흐

거품 хөөс
후–쓰

걱정 санаа зовох
사나– 저워흐

걱정스러운 санаа зовмоор
사나– 저우머–르

걱정하다 санаа зовох
사나– 저워흐

걱정하지마. Санаа бүү зов.
사나– 부– 접

건강 эрүүл мэнд
에루–울 멘드

건강해지다. эрүүл болох
에루–울 벌러흐

건국하다. улс байгуулах
올쓰 배고–올라흐

건너가다 цаад талд гарах
차–뜨 탈드 가라흐

거의 모든 회사에서 бараг бүх компанид
바락 부흐 컴파니뜨

거의 속을 뻔했어. Хуууртагдах шахлаа.
호–르탁다흐 샤흘라–

거의 완벽했는데 бараг бүрэн төгс байсан боловч
바락 부렝 툭쓰 배상 벌럽치

거절하다 татгалзах
타트갈짜흐

거주연장기간 оршин суух зөвшөөрлөө сунгуйлах
어르싱 소–흐 즙슈–를러– 손고이라흐

건강은 어떠세요? Бие нь ямар байна?
비 잉 야마르 밴

건너편 эсрэг тал
에쓰렉 탈

건물 байшин барилга
배싱 바릴락

건배하다 хундага тогтоох
혼닥 턱터-흐

건전지 зай
재

건전지 다 됐어 Зай дууссан
재 도-쓰쌍

건축가 барилгачин
바릴락칭

걷다. өлгөх
울그흐

걸레 алчуур
알쵸-르

건강을 되찾다 эрүүл мэндээ эргүүлж олох.
에루-울 멘데- 에루-울찌 얼러흐

건강을 빨리 회복하시길 바랍니다. Хурдан эдгээрэй.
호르땅 에뜨게-레

건강을 유지하다 эрүүл мэндээ санхин хамгаалах
에루-울 멘데- 상힝 함가-알라흐

건강이 안 좋아 보이네요.
Бие тааруу харагдаж байна.
비 타-로-하락다찌 밴

건강증명서 эрүүл мэндийн тодорхойлолт
에루-울 멘디-잉 더떠르헐럴트

건강진단 эрүүл мэндийн магадлагаа
에루-울 멘디-잉 마가드라가-

건설하다 бүтээн босгох, барилга барих
부테-엥 버쓰거흐, 바릴락 바리흐

걸리다 тээглэх
데-글레흐

걸어가다 алхах
알하흐

걸어가면서 алхангаа
알항가-

검 сэлэм
셀렘

검게 타다 түлэглэх
툴렉데흐

검사하다 шалгах
샬가흐

검색하다 хайх
하이흐

검역소 шалгалтын газар
샬갈팅 가자르

검열 шалгалт
샬갈트

검열(검토)하다 шалгах
샬가흐

검은색 хар өнгө
하르 웅그

겉표지 гадна хавтас
가뜬 합타쓰

게 хавч
합치

게다가 тэгээд, дээрээс нь
테게-뜨, 데-레-쓴

걸다. / 한국 팀에 돈을 걸다.
бооцоо тавих / Солонгосын багт мөнгө тавих
버-처- 타비흐/설렁거씽 박트 뭉그 타비흐

걸어서 갈 수 있어요? Алхаад явж чадах уу?
알하-뜨 야우찌 차뜨호-

걸어서 약 10분 걸려요.
Алхаад явбал яг 10 мин зарцуулна.
알하-뜨 얍발 약 아르왕 미노트 자르초-올른

걸을 수는 없다. алхах боломжгүй
알하흐 벌럼찌구이

게임 тоглоом
터글러-엄

겨냥하다. оньлох
어닐러흐

겨루다. уралдах
오랄따흐

겨울 өвөл
우월

겨울에 өвөл нь
우월른

격려하다 урамшуулал
오람쇼-올랄

격차 эрс ялгаа
에르쓰 얄가-

견인 таталт, чирэлт
타탈트, 치렐트

견적가격 үнэлгээ
우넬게-

견적서 үнэлгээний хуудас
우넬게-니- 호-따쓰

결과 үр дүн
우르 둥

결국 эцэст нь
에체스튼

게스트 하우스 түрээсийн байр
투레-시-잉 배르

게으른 / 정말 게으르다. залхуу/Үнэхээр залхуу.
잘호-/ 운헤-르 잘호-

게임에서 이기다 тоглоомонд хожих
터글러-엄언뜨 허찌흐

겨울엔 밖에 나가기가 싫다.
Өвөл гадаа гарах дургүй.
우월 가따- 가라흐 도르구이

겨울이 점점 짧아지다
өвөл бага багаар өдөр богинсох
우월 박 바가-르 우드르 버긴써흐

결론 дүгнэлт 두그넬트

결말 эцэс төгсгөл 에체스 톡쓰글

결승 шийдвэр 시-뜨베르

결점 дутагдал 도탁달

결정적인 шийдвэрлэсэн 시-뜨베를레승

결정하다 шийдвэрлэх 시-뜨베를레흐

결합 нэгдэл, эвсэл 넥델, 엡셀

결합시키다 нэгтгэх 넥트게흐

결핵 сүрьеэ өвчин 수르예 웁칭

결혼 хурим 호림

결혼식 хурмын ёс 호리밍 여쓰

결혼하다 хурим хийх 호림 히-흐

겸손한 даруу 다로-

경감하다. хөнгөлөх 훙글르흐

결심하다 шийд, шийдвэрлэх 시-뜨, 시-뜨베를레흐

결정짓다 шийдвэрлэх 시-뜨베를레흐 우이델

결혼하셨어요? Хуримаа хийэн үү? 호리마 히-쓰누

결혼피로연 хурмын цайллага 호리밍 챌라그

경계(한계) сэрэмжлэг
세렘질렉

경과하다 дуусах
도-사흐

경기 уралдаан тэмцээн
오랄따-앙 템체-엥

경련 булчин татах
볼칭 타타흐

경비실 харуулын пост
하로-올링 퍼스트

경사진 өгсүүр
욱스르

경영하다 удирдах
오띠르따흐

경우 үед, тохиолдолд
우이드, 터혈떨뜨

결혼한 지 3년 됐어요.
Хурим хийгээд 3 жил болж байна.
호림 히-게-드 고르왕 질 벌찌 밴

결혼했습니다. Хуримаа хийсэн
호리마 히-씅

경공업 хөнгөн аж үйлдвэр
훙긍 아찌 우일드베르

경기가 싱겁다 сонирхолгүй тэмцээн
서니르헐구이 템체-엥

경기결과 уралдаан тэмцээний үр дүн
오랄따-앙 템체-니- 우르 둥

경기장 уралдаан тэмцээний талбар
오랄따-앙 템체-니- 탈바르

경매하다 дуудлага худалдаа
도-뜰락 호딸다-

경작	тариалан 타리알랑
경쟁하다	уралдаан 오랄따-앙
경제	эдийн засаг 에디-잉 자싹
경제학자	эдийн засагч 에디-잉 자싹치
경찰	цагдаа 차끄다-
경치	байгалийн байдал 배갈리-잉 배달
경험	туршлага 토르쉴락
경험이 없는	туршлагагүй 토르쉴락구이

경비원을 부르세요. — Харуулыг дууд.
하로-올리끄 도-뜨

경연대회 — урлагын тэмцээн
오를라깅 템체-엥

경우에 따라서 — байдлаасаа болоод
배뜰라-사- 벌러-뜨

경제학 — эдийн засгийн ухаан
에디-잉 자쓰기-잉 오하-앙

경찰관 — цагдаагийн ажилтан
차끄다-기-잉 아질탕

경찰에 신고하다 — цагдаагийн газар мэдэгдэх
차끄다-기-잉 가짜르 메덱데흐

경축일 — баяр ёслолын өдөр
바야르 여슬럴링 우드르

계급 анги, давхарга
앙기, 답하흘가

계단 шат
샤트

계란 өндөг
운득

계산기 тооны машин
터-니 마싱

계산대 касс
카쓰

계산하다 тооцоолох
터-처-얼러흐

계속 үргэлж
우르겔찌

계속하다 үргэлжлүүлэх
우르겔찔루-레흐

계승하다 үржүүлэх
우르주-울레흐

계약 гэрээ
게레-

경험이 많다 их туршлагатай
이흐 토르쉴락태

경험이 없어서요. 당신이 고르세요.
Би туршлагагүй учраас чи сонго.
비 토르쉴락구이 오치라-쓰 치 성거

계산서 주세요. тооцооны хуудас өгнө үү.
터-처-니 호-따쓰 우그누-

계산을 잘못했네. Би буруу тооцоолсон байна.
비 보로- 터-철-승 밴

계산을 지금하나요? Одоо тооцоо хийх үү?
어떠- 터-처- 히-후-

계산이 잘못됐어요. Тооцоо буруу болсон байна.
터-처- 보로- 벌승 밴

계약서 гэрээ бичиг 게레- 비치크

계약하다 гэрээ хийх 게레- 히-흐

계절 улирал 올리랄

계정 тооцоо 터-처-

계좌 данс 단쓰

계좌를 열다 данс нээх 단쓰 네-흐

계획 төлөвлөгөө 툴릅르거-

고갈되다 хатах 하타흐

고구마 амтат төмс 암타트 툼쓰

고귀한 эрхэм 에르헴

계산해 주세요. Тооцоолж өгнө үү. 터-처-얼찌 우그누-

계속 가 үргэлжлүүлээд яв 우르겔찔루-레-드 야우

계속 말해. Үргэлжлүүлээд ярь. 우르겔찔루-레-드 야리

계속해서 가세요. Үргэлжлүүлээд явна уу. 우르겔찔루-레-드 야우노-

계약기간은 5년입니다. Гэрээний хугацаа 5 жил. 게레-니- 혹차- 타왕 질

계약을 체결할 필요가 있습니다. Гэрээ байгуулах хэрэгтэй. 게레- 배고-올라흐 헤렉테

고급스런 дээд зэргийн
데-드 제르기-잉

고기 мах
마흐

고대의 эртний
에르트니-

고등학교 ахлах сургууль
아흐라흐 소르고-올

고려하다 харгалзаж үзэх
하르갈자찌 우제흐

고르다 сонгох
성거흐

고마운 талархуушгай
탈라르호-쉬태

고맙습니다. баярлалаа.
바야를라

고무 резин
레진

고무줄 резинэн утас
레지닝 오타스

ㄱ

계좌잔액 дансан дахь мөнгө
단상 다흐 뭉그

계획대로 төлөвлөгөөний дагуу
툴릅르거-니- 다고-

계획이 다 틀어졌어. Төлөвлөгөөнөөс хазайх.
툴릅르거너-쓰 하재흐

계획적으로 төлвөлсний дагуу
툴불쓰니-다고-

고고학 археологийн шинжлэх ухаан
아르힐러깅- 신질레흐 오하-앙

고막(신체) чихний хэнгэрэг
치흐니- 헹게렉

고발하다	мэдэгдэх 메덱데흐	고위계층	дээд давхарга 데-드 답하르그
고사성어	хэлц өг 헬츠 욱	고의적으로	санаатайгаар 사나-태가-르
고상한	эрхэм дээд 에르헴 데-드	고장나다	эвдрэх 엡드레흐
고속도로	хурдны зам 호르뜨니 잠	고전의	эртний 에르트니-
고아	өнчин хүүхэд 운칭 후-훋	고정된	бэхлээтэй 베흘레-테
고양이	муур 모-르	고추(야채)	чинжүү 친쭈-
고요한	чимээгүй, амгалан 치메-구이, 암갈랑	고추장	чинжүүны жан 친쭈-니 짱

고무줄로 묶다 резинээр боох
레지네-르 버-흐

고아원 өнчин хүүхдийн асрамжийн газар
운칭 후-훋디-잉 아쓰람지-잉 가자르

고용하다 ажилд хөлслөгдөх
아질뜨 훌슬륵두흐

고운 피부 гоё, хөөрхөн арьс
고이, 후-르홍 아리쓰

고층빌딩 өндөр байшин
운드르 배싱

고층의 дээд давхрын
데-드 답하링

고향 төрсөн нутаг
투르승 노탁

고혈압 өндөр даралт
운드르 다랄트

곧 удахгүй
오따호구이

곧 ~되다 удахгүй~болно
오따호구이~벌른

곧바로 төд удалгүй
투뜨 오딸구이

골(스포츠) гоол
거얼

골목 нарийн гудамж
나리-잉 고땀지

골키퍼 хамгаалагч
함가-알락치

고쳐줄 수 있어요? Янзалж өгч чадах уу?
얀잘찌 욱치 차뜨호-

고통을 겪다 зовлон зүдгүүр туулах
저우렁 주뜨구-르 톨-라흐

고향에 돌아가다 төрсөн нутагруугаа буцах
투르승 노타끄로-가- 보차흐

고향이 어디세요? Нутаг хаана вэ?
노탁 하-안 웨

곧 도착 할 거야. Удахгүй хүрнэ.
오따호구이 후른

곧 볼 수 있으실 거예요.
Удахгүй харах боломжтой болно.
오따호구이 하라흐 벌럼찌테 벌른

ㄱ

곰	баавгай 바-우개
곰팡이가 난	хөгцрөх 훅치르흐
곳(장소)	газар 가자르
공	бөмбөг 붐북
공간	орон зай 어렁 재
공개적인	нээлттэй 네-엘트테
공공의	нийтийн 니-티-잉
공공재산	нийтийн өмч 니-티-잉 움치
공급하다	нийлүүлэх 니-룰-레흐
공기	агаар 아가-르
공기(타이어)	хий 히-
공동의	хамтын, нийтийн 함팅, 니-티-잉
공립학교	улсын сургууль 올씽 소르고-올
공무	төрийн алба 투리-잉 알바

곧 시험이야.
Удахгүй шалгалттай.
오따흐구이 샬갈트태

곧장 집에 간다.
Шууд гэрлүүгээ явна.
쇼-뜨 게를루-게- 야운

골라주세요.
Сонгоод өгөөч.
성거-뜨 우그-치

공격
довтолгоон, дайралт
더우털거-엉, 대랄트

공백 хоосон зай
허-성 재

공부하다 хичээл хийх
히체-엘 히-흐

공상 зөгнөл
주그눌

공식(수학, 의식) томьёо
터묘

공식적인 албан ёсны
알방 여쓰니

공약 албан ёсны амлалт
알방 여쓰니 암랄트

공업 аж үйлдвэр
아찌 우일드웨르

공업화 аж үйлдвэржилт
아찌 우일드웨르찔트

공연 тоглолт
터글럴트

공연하다 тоглолт хийх
터글럴트 히-흐

공무원 төрийн албан хаагч
투리-잉 알방 학-치

공부 하나도 안했어. Хичээл нэгч хийгээгүй.
히체-엘 넥치 히-게-구이

공부를 열심히 하지 않았어요.
Хичээлээ хичээнгүй хийгээгүй.
히체-엘레- 히체-엥구이 히-게-구이

공부를 잘하다 хичээлээ сайн хийх
히체-엘레- 셍 히-흐

공사장 барилгын ажлын талбай
바릴깅 아질링 탈배

공식에 따라 томьёоны дагуу
터묘니 다고-

ㄱ

공예	урлахуй 오를라호이
공원	цэцэрлэг 체체를렉
공유하다	эзэмших 에젬쉬흐
공자(인물)	Күнз 군쯔
공작(동물)	тогос шувуу 터거쓰 쇼워-
공장	үйлдвэр 우일드웨르
공적이 있다	алдар гавьяа 알따르 가위야
공정	тэгш шударга 텍쉬 쇼뜨락
공제하다	суутгах 소-트가흐
공증인	нотариатч 너트라트치
공채(증권)	бонд 번드
공평	адил тэгш 아딜 텍쉬
공평하게	адил тэгш 아딜 텍쉬
공포영화	аймшгийн кино 앰쉬기-잉 키노
공식적으로 알리다	албан ёсоор мэдэгдэх 알방 여써-르 메덱데흐
공식적으로 인정하다	албан ёсоор хүлээн зөвшөөрөх 알방 여써-르 훌레-엥 즙슈-르흐
공업지역	аж үйлдвэрийн бүс нутаг 아찌 우일드웨리-잉 부쓰 노탁
공장 노동자	үйлдвэрийн ажилчин 우일드웨리-잉 아찔칭

공헌하다 гавьяа байгуулах
가위야 배고-올라흐

공화(국) бүгд найрамдах
북뜨 내람다흐

공휴일 амралтын өдөр
아므랄팅 우드르

과(책) хичээл
히체-엘

과거 өнгөрсөн
웅구르씅

과녁 бай
배

ㄱ

공지사항 잠깐 들으세요.
Зарлал сонсно уу.
자르랄 선스노-

공항 нисэх онгоцны буудал
니쎄흐 엉거츠니 보-딸

공항까지 배웅해 드릴게요.
Нисэх онгоцны буудал хүртэл гаргаж өгнө.
니쎄흐 엉거츠니 보-딸 후르텔 가르가찌 우근

공항에 어떻게 가실 건가요?
Нисэх онгоцны буудал хүртэл яаж явах вэ?
니쎄흐 엉거츠니 보-딸 후르텔 야찌 야와흐 웨

공항으로 친구를 마중가려고 해.
Нисэх онгоцны буудалруу найзыгаа тосохоор
니쎄흐 엉거츠니 보-딸로- 내찌가- 터써허-르
явах гэж байна.
야와흐 게찌 밴

공황 эдийн засгийн хямрал
에디-잉 자쓰기-잉 햠랄

과속	хэт хурд 헤트 호르뜨
과일	жимс 짐쓰
과일을 먹다	жимс идэх 짐쓰 이데흐
과자	пичень 피첸
과정	явц 얍치
과학	шинжлэх ухаан 신질레흐 오하-앙
관객	үзэгч 우젝치
관계	харилцаа 하릴차-
관리자	эрхлэгч 에르흘렉치
관리하다	удирдах 오띠르다흐
관세	гаалийн татвар 가-알리-잉 타트와르
관세를 내다	татвар төлөх 타트와르 툴르흐
관심을 갖다	сонирхох 서니르허흐
관점	хувийн үзэл бодол 호위-잉 우젤 버떨
관중석	үзэгчдийн суудал 우젝치디-잉 소-딸
관찰하다	ажиглах 아지글라흐
과학자	шинжлэх ухааны эрдэмтэн 신질레흐 오하-니 에르뎀텡
관계를 맺다(사업)	харилцаа холбоотой болох 하릴차- 헐버-테 벌러흐
관세 세관	гаалийн татварын газар 가-알리-잉 타트와링 가자르

광고	зарлал 자를랄	교단에 서다	багш болох 박시 벌러흐
광물	эрдэс бодис 에르데쓰 버띠쓰	교류	харилцаа 하릴차-
광장	талбай 탈배	교사	багш 박시
광주리	сүлжмэл сав 술찌멜 삽	교실	анги 앙기
괜찮습니다	зүгээр 쭈게-르	교육	боловсрол 벌럽쓰럴
교과서	сурах бичиг 소라흐 비칙	교육부	боловсролын яам 벌럽쓰럴링 얌

관세를 납부해야 하나요?
Гаалийн татвар төлөх ёстой юу?
가-알리-잉 타트와르 툴르흐 여쓰테 요

관절부위	үе мөчний хэсэг 우이 무치니- 헤섹
관절염	үе мөчний үрэвсэл 우이 무치니- 우렙셀
광견병	нохойн галзуу өвчин 너헹 갈쪼-웁칭
교수	их сургуулийн багш 이흐 소르고-올리-잉 박시

ㄱ

교제하다 уулзалт хийх
오-올잘트 히-흐

교통 зам харилцаа
잠 하릴차-

교환하다 солилцох
설릴처흐

교회 христийн сүм
히리쓰팅 숨

구(숫자) ес
유쓰

구경하다 үзэж сонирхох
우제찌 서니르허흐

구두 한 켤레 нэг хос гутал
넥 허쓰 고탈

구두 гутал
고탈

교통경찰 зам тээврийн цагдаа
잠 테-웨리-잉 착다-

교통법규를 어기다 зам тээврийн дүрэм зөрчих
잠 테-웨리-잉 두렘 주르치흐

교통사고 зам тээврийн осол
잠 테-웨리-잉 어썰

교통사고 당하다 зам тээврийн осолд өртөх
잠 테-웨리-잉 어썰드 우르트흐

교통사고를 내다 зам тээврийн осол гаргах
잠 테-웨리-잉 어썰 가르가흐

교통수단 тээврийн хэрэгсэл
테-웨리-잉 헤렉쎌

교환되나요? Сольж болох уу?
설찌 벌러호-

구레나룻	хууз 호-즈	구절(문장)	утгат хэсэг 오탁트 헤쎅
구멍	нүх 누흐	구조	бүтэц 부테츠
구멍을 뚫다	нүхлэх 누흘레흐	구조하다 (응급)	аврах 아우라흐
구비하다	хангах 항가흐	구좌	данс 단쓰
구성(전산)	бүтэц 부테츠	구체적인	тодорхой 터떠르헤
구성하다	бүрдүүлэх 부르두-울레흐	국(음식)	шөл 슐
구어	аман яриа 아망 야리아	국경	улсын хил 올씽 힐
구역	бүс 부쓰	국내	улсын дотоод 올씽 더터-드
구월(9월)	9-р сар 유스 두게-르 사르	국립	улсын, төрийн 올씽, 투리-잉

구좌기록(은행) дансны гүйлгээний жагсаалт
단쓰니 구일게-니- 작사-알트

구체적으로 협상합시다.
Тодорхой хэлэлцээр хийцгээе.
터떠르헤 헬렐체르 히츠게이

ㄱ

국민 ард түмэн
아르뜨 투멩

국영 төрийн удирдлага
투리-잉 오띠르뜰락

국적 иргэний харьяалал
이르게니 하르알랄

국제 олон улсын
얼렁 올씽

국회 их хурал
이흐 호랄

군고구마 шарсан төмс
샤르상 툼쓰

군대 цэрэг
체렉

굴 агуй
아고이

구충제를 먹다 хортон устгах бодис идэх
허르텅 오스트가흐 버띠스 이데흐

국가를 부르다 төрийн дуулал дуулах
투리-잉 돌-랄 도-올라흐

국경을 통과하다 хил нэвтрэх
힐 넵트레흐

국경통과비자 хил нэвтрэх виз
힐 넵트레흐 비즈

국기를 게양하다 төрийн далбаа мандуулах
투리-잉 달바- 만도-올라흐

국내공항 хот хоорондын нисэх онгоцны буудал
허트 허-런딩 니쎄흐 엉거츠니 보-딸

국을 드시겠어요? Шөл уух уу?
슐 오-호-

굵다 бүдүүн
부뚜-웅

굽다 шарах
샤라흐

궁(건물) ордон
어르떵

궁금하다 мэдэхийг хүсэх
메떼히-끄 후쎄흐

권력 эрх мэдэл
에르흐 메뗄

권리 эрх, эрх ашиг
에르흐, 에르흐 아쉭

권리를 박탈하다 булаах
볼라-흐

귀 чих
치흐

귀 기울이다 чих тавих
치흐 타위흐

귀머거리의 дүлий хүн
둘리- 훙

귀빈 хүндэт зочин
훈데트 저칭

귀신 чөтгөр
추트그르

국제공항 олон улсын нисэх онгоцны буудал
얼렁 올씽 니쎄흐 엉거츠니 보-딸

국제전화 улс хоорондын телефон яриа
올쓰 허-런딩 텔레폰 야리아

군대에서 제대하다 цэргээс халагдах
체레게-쓰 할락다흐

궁금한 건 못 참아.
Мэдэхийг хүсэх юм байвал тэсэж чададгүй.
메떼히-끄 후쎄흐 윰 배왈 테쎄찌 차따뜨구이

궁금해 죽겠네. Мэдмээр байна.
메뜨메-르 밴

귀여운	хөөрхөн 후-르훙	귤	жүрж 주르찌
귀중품	үнэт эдлэл 우네트 에뜰렐	그 남자	тэр эрэгтэй 테르 에렉태
귀찮아	яршигтай 야르식태	그밖에	түүнээс гадна 투-네-쓰 가뜬
규정하다	дүрэм тогтоох 두렘 턱터-흐	그 부인	тэр эхнэр 테르 에흐네르
균형	тэнцвэр 텐츠웨르	그 후에	түүний дараа 투-니- 다라-

권 / 세권	номын ширхэг/ гурван ширхэг 너밍 쉬르헥/ 고르왕 쉬르헥
귀국준비	эх орондоо буцах бэлтгэл 에흐 어런더- 보차흐 빌트겔
귀국하다	эх орондоо буцах 에흐 어런더- 보차흐
귀여워요.	Өхөөрдөм байна. 우허르덤 밴
귀중품보관함	үнэт эдлэл хадгалах газар 우네트 에뜰렐 하뜨갈라흐 가자르
규정	тогтоосон дүрэм журам 턱터-성 두렘 조람

그건 그렇고 тэр ч яахав
테르 치 야합

그것 тэр
테르

그날 тэр өдөр
테르 우드르

그네 савлуур
사울로-르

ㄱ

규정을 초과하다 хэтжээнээс хэтрүүлэх
헴제-네-쓰 헤트루-울레흐

그 동안 тэр хугацааны турш
테르 혹차-니 토르쉬

그 소식을 들었어요? Тэр мэдээг дуулсан уу?
테르 메떼-끄 도-올스노-

그거 필요 없어 тэр хэрэггүй
테르 헤렉구이

그걸로 됐습니다. тэгээд болсон.
테게-뜨 벌성

그것뿐이야? тэгээд л болоо юу?
테게-뜰 벌러- 요

그게 내 전문인걸요. Тэр чинь миний мэргэжил шүү дээ.
테르 친 미니- 메르게질 슈- 데-

그게 바로 나야. Тэр чинь би байна.
테르 친 비 밴

그냥 구경하는 거예요. Зүгээр л үзсэн юм.
쭈게-를 우쯔승 윰

그녀	тэр эмэгтэй 테르 에멕테	그래서	тийм учраас 티-임 오치라-쓰
그들	тэдгээр 테뜨게-르	그래프	график 그라휘크
그때	тэр үед 테르 우이드	그러나	гэвч 겝치
그래	тийм 티-임	그러면	тэгвэл 테그웰

그냥 날 좀 내버려 둬. Намайг зүгээр л орхиод өг.
나매끄 쭈게-를 어르혀뜨 우끄

그냥 보통이지. зүгээр л байдаг зүйл.
쭈게-를 배탁 주일

그냥 운동중인데요. зүгээр л дасгал хийж байна.
쭈게-를 다쓰갈 히-찌 밴

그동안 тэр хугацааны турш
테르 혹차-니 토르쉬

그들이 몇 시에 도착하지요?
Тэд нар хэдэн цагт хүрж очих вэ?
테뜨 나르 헨등 착트 후르찌 어치흐 웨

그때 오토바이 타고 있었어.
Тэр үед мотоцикл унаж байсан.
테르 우이드 모터치클 오나찌 배쌍

그러지마. биттгий тэг.
비트기- 텍

그런 후에 тэгсний дараа
텍쓰니 다라-

그런데 гэвч
겝치

그럼 тэгвэл
테그웰

그렇게 тэгэж
테게찌

그렇게 하면 тэгэж хийвэл
테게찌 히-웰

그래 뭔가 이상해. Тиймээ нэг л сонин байна.
티-메- 네글 서닝 밴

그래도 안 되면 항의하자.
Тэгээд ч болохгүй бол эсэргүүцье.
테게-뜨 치 벌러흐구이 벌 에쎄르구-치

그래도 정말 다행이야. Тэгсэн ч гэсэндээ азны юм.
텍승 치 게슨데- 아쯔니 윰

그러는 바람에 тэгсны уршгаар
텍쓰니 오르쉬가-르

그러려고 한건 아녜요. тэгэх гэсэн юм биш.
테게흐 게쓩 윰 비쉬

그런데 전화를 꺼버리고 받질 않아.
Гэвч утсаа унтраачихаад авахгүй байна.
치 오트사- 온트라-치하-뜨 아와흐구이 밴

그런데요, 전 지금 가봐야 할 것 같아요.
Гэхдээ би явах хэрэгтэй юм шиг байна.
게흐데- 비 야와흐 헤렉테 윰 식 밴

ㄱ

그렇군요	тийм үү 티-무-
그룹(가수)	хамтлаг 함틀락
그릇	таваг 타왁
그리다	зурах 조라흐
그림	зураг 조락
그만 가자.	явахаа больё. 야와하- 벌리흐
그만 하자.	хийхээ больё. 히-헤- 벌리
그만, 그만.	боль, боль. 벌 벌
그물	тор 터르
그을리다	гандах 간다흐
그저께	уржигдар 오르찍다르
그처럼	тэрэн шиг 데렌 쉭
(비가)그치다	(бороо)зогсох 버러- 적서흐
극(연극)	жүжиг 주찍

그럼, 모레는 어때? Тэгвэл нөгөөдөр уулзья
테그웰 누그-드르 오-올지

그렇게는 안 돼. Тэгэж болохгүй.
테게찌 벌러흐구이

그렇다면 좋아요. тэгвэл тэгье.
테그웰 티기

그릇/국수 3그릇
таваг/гоймонтой шөл гурван таваг
타왁, 고이멍터 슐 고르왕 타왁

극복하다	давж гарах 답찌 가라흐	근처에	ойр хавь 어이르 합
극장	театр 띠아트르	금	алт 알트
극히	туйлын 토이링	금고	төмөр авдар, цеф 투므르 압다르, 체프
근거하다	учир шалтгаан 오치이르 샬트가-앙	금메달	алтан медаль. 알탕 메달
근로자	ажилчин 아질칭	금붕어	алтан загас 알탕 자가쓰
근면한	ажилсаг 아질싹	금요일	баасан гариг 바-승 가릭
근본	эх үндэс 에흐 운데쓰	금지하다	хориглох 허릭러흐
근심	зовнил, санаашрал 저우닐, 사나-쉬랄	급료를 깎다	цалин хасах 찰링 하싸흐
근원	ундарга 온드라그	급한 성질	түргэн ааш 투르긍 아-쉬
근접한	ойрхон 어이르헝	기(국기)	төрийн далбаа 투리-잉 달바-

금방 그칠거야.

Удахгүй зогсоно.
오따흐구이 적선

ㄱ

기간 хугацаа
혹차-

기계 машин
마신

기관지 мөгөөрсөн хоолой
무구-르승 헐러이

기념하다 дурсах
도르싸흐

기능 ажиллагаа
아질라가-

기능하다 ажиллах
아질라흐

기다리다 хүлээх
훌레-흐

기대하다 найдах
내-따흐

금지표지판 хориглох самбар
허릭러흐 삼바르

금지품을 소지하고 있습니까?
Хориглосон бараа авч яваа юу?
허릭러승 바라- 압치 야와- 요

급하다/나 지금 급해. яаралтай/Би одоо яарч байна.
야랄태/비 어떠- 야르치 밴

급한 일이 생겼어. Яаралтай ажил гарсан.
야랄태 아질 가르승

긍정하다 хүлээн зөвшөөрөх
훌레-엥 줍슈-르흐

기계 고장 난 것 같아요. 한번 봐주실래요?
Энэ машин эвдэрсэн юм шиг байна.
엔 마싱 엡들승 윰 식 밴
Нэг үзээд өгөөч.
넥 우제-뜨 우그-치

기둥 багана
바간나

기록 тэмдэглэл
템데글렐

기록하다 тэмдэглэх
템데글레흐

기르다 тэжээх
테제-흐

기름 өөх, тос
우-흐, 터쓰

기름기가 많은 тостой
터쓰테

기반을 잡다 хөл өө олох
훌러- 얼러흐

기본요금 суурь төлбөр
소-르 툴부르

기본적인 үндсэн, гол
운드쓴, 걸

기분 сэтгэл санаа
세트겔 사나-

기쁘다 баярлах
바야를라흐

기쁨 баяр, баясгалан
바야르, 바야스갈랑

기사(신문) нийтлэл
니-틀렐

기숙사 оюутны байр
어요트니 배르

기술 ур чадвар
오르 차뜨와르

기술자 техникч
테흐닉치

기관 цогц эрхтэн, байгууллага
척츠 에르흐텡, 배고-올락

기내소지품 онгоцонд авч орж болох зүйлс
엉거천드 아우치 어르지 벌러흐 주일스

기분이 더 좋아지다 сэтгэл санаа илүү сайхан болох
세트겔 사나- 일루- 새항 벌러흐

기어오르다 авирах
아위라흐

기억 ой тогтоолт
어- 턱터-얼트

기억력 ой тогтоомж
어- 턱터-엄지

기억해내다 санах
사나흐

기원 хүсэлт, гуйлт
후셀트, 고일트

기일 тогтсон өдөр
턱트성 우드르

기입하다 бөглөх
부글르흐

기자 сурвалжлагч
소르왈찔락치

기준가격 стандартын үнэ
스탄다르팅 운

기질 тэнхээ тамир
텡헤 타미르

기분이 어때? Сэтгэл санаа ямар байна?
세트겔 사나- 야마르 밴

기분이 좋은 Сэтгэл санаа сайхан
세트겔 사나- 새항

기사 다 읽었어요? Нийтлэлийг бүгдийг уншсан уу?
니-틀렐리-끄 북디-끄 온쉬스노-

기억이 나지 않다 санахгүй байна
사나흐구이 밴

기억이 잘 안나요. Сайн санадаггүй.
생 사나딱구이

기여하다 хувь нэмэр оруулах
홉 네메르 어로-올라흐

ㄱ

기차 галт тэрэг
갈트 테렉

기찻길 галт тэрэгний зам
갈트 테레그니- 잠

기체 хийн төлөв
히-잉 툴릅

기초 эх үндэс, суурь
에흐 운데쓰, 소-르

기침 ханиад
하니아드

기타(악기) гитар
기타르

기호 дохио тэмдэг
더효 템덱

기회 боломж
벌럼지

기후 уур амьсгал
오-르 앰스갈

긴 머리 урт үс
오르트 우쓰

긴 생머리 урт шулуун үс
오르트 숄로-옹 우쓰

긴급한 яаралтай
야랄태

긴장하지 않았다 түгшээгүй
툭쉐-구이

길 зам
잠

기차가 더 싸겠지만 더 느릴 것이다.
Галт тэрэг илүү хямд боловч илүү удаан.
갈트 테렉 일루 햠드 벌럽치 일루 오따-앙

기차역 галт тэрэгний буудал
갈트 테레그니- 보-딸

기초적인 суурь, анхан шатны
소르, 앙항 샤트니

기한을 늘리다 цаг хугацаа уртасгах
착 혹차-끄 오르타쓰가흐

길 건너편 замын эсрэг тал
자밍 에쓰렉 탈

길다 урт
오르트

길어지다 уртсах
오르트싸흐

길을 건너다 зам гарах
잠 가라흐

길을 떠나다 замд гарах
잠드 가라흐

길을 안내하다 замчилах
잠칠라흐

기호(취미) сонирхол, таашаал
서니르헐, 타-샤-알

기회가 되면 또 뵙길 바랍니다.
Боломж гарвал дахин уулзана гэж найдаж байна.
벌럼지 가르왈 다힝 오-올즌 게찌 내-다찌 밴

기회가 있었다 боломж байсан
벌럼지 배쌍

기회를 놓치다 боломжоо алдсан
벌럼저- 알뜨쌍

기회를 잡다 боломж ашиглах
벌럼지 아쉭라흐

긴장을 풀다 түгшихээ болих
툭쉬헤- 벌리흐

길 끝 사거리까지 가세요.
Замын төгсгөлд дөрвөн замын уулзвар
자밍 툭스글드 두르웅 자밍 오-올즈와르
хүртэл яваарай.
후르텔 야와-래

ㄱ

길을 잃다 төөрөх
투-르흐

길이 막히다 зам бөглөрөх
잠 부글러르흐

길이 урт
오르트

김치를 만들다 кимчи хийх
김치 히-흐

깃대 тугны иш
톡니- 이시

깃발 туг далбаа
톡 달바-

깊이 гүн
궁

까마귀 хар хэрээ
하르 헤레-

갈매기 юүлүүр
율루-르

깜박하다 таг мартах
탁 마르타흐

깜짝 놀란 дав хийн цочсон
답 히-잉 처치성

깨(곡물) гүнжид
군지드

깨끗이 цэвэр
체웨르

깨닫다 ухаарах
오하-라흐

길 좀 비켜주세요.
Зам тавиад өгнө үү.
잠 타위아드 우그누-

김치 만들어 줄께.
Кимчи хийж өгье.
김치 히-찌 우기

김치 먹어본 적 있어요?
Кимчи идэж үзсэн үү?
김치 이데찌 우쯔스누-

김치는 발효 식품이다.
Кимчи нь исгэж хийдэг хүнсний бүтээгдэхүүн.
김친- 이스게찌 히-덱 훈스니 부텍-데흐웅-

깨뜨리다 хагалах 하갈라흐

껌 бохь 버흐

껍질 хальс 할쓰

껍질을 깎다 хальслах 할쓸라흐

껴안다 тэврэх 테우레흐

꽂다 (플러그) зоох 저-흐

꽂아. (플러그) зоо. 저-

꽃 цэцэг 체첵

깎아주세요. хямдруулж өгнө үү. 햠드로-올찌 우그누-

깎아주세요. 아줌마 хямдруулж өгөөч. Эгчээ 햠드로-올찌 우거-치 에그체-

깜짝 놀라다 дэв дав хийн цочих 뎁 답 히-잉 처치흐

깨워주세요. сэрээж өгнө үү. 세레-찌 우그누-

깨지기 쉽다 амархан хагардаг 아마르항 하가르닥

꺾어지다 (방향) чиг өөрчлөгдөх 칙 우-르치룩드흐

꼭 일찍 일어나셔야 해요.
Заавал өглөө эрт босох ёстой.
자-왈 우글러- 에르트 버써흐 여스터

꽃가게 цэцгийн дэлгүүр
체츠기-잉 델구-르

꽃가루 цэцгийн хөрс
체츠기-잉 후르쓰

꽃무늬 цэцгэн хээ
체츠겡 헤-

꽃병 цэцгийн сав
체츠기-잉 삽

꽃을 따다 цэцэг түүх
체첵 투-흐

꽃이 피다 цэцэг дэлгэрэх
체첵 델게레흐

꾸짖다 загнах
자그나흐

꿀 зөгийн бал
주기-잉 발

꿈 зүүд
주-드

꿈꾸다 зүүдлэх
주-들레흐

끄다 (기계) унтраах
온트라-흐

끄덕이다 дохих
더히흐

끈 үдээс, уяа
우데-쓰, 오야

끊다 (술, 담배) хаях
하야흐

꼭 한번 봐요. заавал нэг удаа үзээрэй.
자-왈 넥 오따- 우제-레

꽃이 그려져 있다. цэцэг зурсан байна.
체첵 조르쌍 밴

꿈에서 미리 알려주다
Мөрөөдлөөсөө урьдчилаад ярьж өгөх
무르-들러-써- 오르뜨칠라-드 야리찌 우그흐

끈적거리지 않는 нойтон оргидгүй
너-텅 어르기뜨구이

ㄱ

끓는 물 буцалж буй ус
보찰찌 보이 오쓰

끓이다 буцалгах
보찰가흐

끝 үзүүр, төгсгөл
우주-르, 툭스걸

끝없는 төгсгөлгүй
툭스글구이

끊지 말고 잠깐 기다려봐. Таслалгүй хүлээж бай.
타슬랄구이 훌레-찌 배

끓이다/여덟 시간 동안 끓이다
буцалгах/Найман цагийн турш буцалгах
보찰가흐/내-망 차기-잉 토르쉬 보찰가흐

끝나다/다 끝났어. дуусах/Бүгд дууссан.
도-싸흐/북드 도쓰쌍

끼다 (반지, 안경) бөгж, шил зүүх
북찌, 실 주-흐

ㄴ

나 — би
비

나 어때? — би ямар байна?
비 야마르 밴

나날이 — өдөр алгасалгүй
우드르 알락살구이

나누다 — хуваах
호와-흐

나대신 — миний оронд
미니- 어런드

나라 — улс
올쓰

나르다 — зөөх
주-흐

나무 — мод
머뜨

나대신 대답하다 — Миний оронд хариулах
미니- 어런드 하리올라흐

나도 그렇게 생각해. — Би ч гэсэн тэгэж бодож байна.
비 치 게쓩 텍찌 버떠찌 밴

나도 그렇기를 바랍니다. — Би ч гэсэн тэгээсэй гэж хүсэж байна.
비 치 게쓩 테게-쎄 게찌 후쎄찌 밴

나도 기뻐. — Би ч гэсэн баяртай байна.
비 치 게쓩 바야르태 밴

나라를 세우다 — улс гүрэн байгуулах
올쓰 구렝 배고-올라흐

나라에서 배분하다 — улсаас хувиарлах
올싸-쓰 호위를라흐

나뭇가지 мөчир 무치르

나뭇잎 модны навч 머뜨니 납치

나쁘다 муу 모-

나서다 гарах 가라흐

나았어요 эдгэсэн 에뜨게씅

나오다 гарч ирэх 가르치 이레흐

나이 нас 나쓰

나이프 хутга 호탁

나중에 дараа 다라-

나침반 луужин 로-찡

나타나다 гарч ирэх 가르치 이레흐

나팔 бүрээ 부레-

나만 빼놓고 간 거예요?
Намайг орихоод явчихсан юм уу?
나매그 어리허-드 얍치흐승 유모-

나무 밑에 숨다 модны доор нуугдах
머뜨니 도-르 노-옥따흐

나무에 새기다 модон дээр сийлэх
머떵 데-르 시-레흐

나이가 많은 사람들이 그녀를 좋아해.
Настай хүмүүс тэр эмэгтэйд дуртай.
나쓰태 후무-쓰 테르 에멕테뜨 도르태

나중에 다시 전화해라. Дараа дахиж яриарай.
다라- 다히찌 야리아래

낙담하다 шантрах
샨트라흐

낚시하다 загасчлах
자가쓰칠라흐

낙제하다 шалгалтанд унах
샬갈탄뜨 오나흐

날 믿어. надад итгэ.
나따드 이트게

낙타 тэмээ
테메-

날다 нисэх
니쎄흐

낙태하다 үр хөндөх
우르 훈드흐

날씨 цаг агаар
착 아가-르

낙후된 хоцрогдсон
허치럭드썽

날씬하다 гоолиг нарийн
거-얼릭 나리-잉

낙관하다 өөдрөгөөр харах
우-드르거-르 하라흐

낙선하다 сонгуульд ялагдах
성고-올뜨 얄락다흐

난 항상 혼자야. Би үргэлж ганцаараа.
비 우르겔찌 간차-라-

날씨 좋네요. Цаг агаар сайхан байна шүү.
착 아가-르 새항 밴 슈-

날씨가 좋다. Цаг агаар сайхан байна.
착 아가-르 새항 밴

날씨가 답답하다. Цаг агаар бөхчим байна.
착 아가-르 부흐침 밴

날씬한 гоолиг нарийн
거-얼릭 나리-잉

날아가다 нисэх
니쎄흐

날조 зохиомол
저히어멀

날짜 сар өдөр
사르 우드르

날씨가 덥다. Цаг агаар халуун байна.
착 아가-르 할로-옹 밴

날씨가 따뜻하고 햇살이 좋다.
Цаг агаар дулаахан нарны туяа ээгээд
착 아가-르 돌라-항 나르니 토야 에-게-드
сайхан байна.
새항 밴

날씨가 따뜻하다. Цаг агаар дулаахан байна.
착 아가-르 돌라-항 밴

날씨가 맑은 цаг агаар цэлмэг
착 아가-르 첼멕

날씨가 시원하다. Цаг агаар сэрүүхэн байна.
착 아가-르 세루-흥 밴

날씨가 좋은 цаг агаар сайхан
착 아가-르 새항

날씨가 춥다. Цаг агаар хүйтэн байна.
착 아가-르 휘탱 밴

날씬해 보여요. Туранхай харагдаж байна.
토랑하이 하락다찌 밴

낡은 хуучин
호-칭

남다 үлдэх
울데흐

남성 эр хүйс
에르 후이쓰

남동생 эрэгтэй дүү
에렉테 두-

남극 өмнөд туйл
우믄드 토일

남북 урд хойд
오르뜨 허이드

남기다 үлдээх
울데-흐.

남자 эрэгтэй хүн
에렉테 훙

남녀 эрэгтэй эмэгтэй хүн
에렉테 에멕테 훙

남쪽 өмнө зүг, урд зүг
우믄 죽, 오르뜨 죽

날이 갈수록 өдөр өнгөрөх тусам
우드르 웅그르흐 토쌈

날이 갈수록 발전하다
өдөр өнгөрөх тусам хөгжиж байна
우드르 웅그르흐 토쌈 훅지찌 밴

날이 갈수록 좋아지다
өдөр өнгөрөх тусам сайхан болж байна
우드르 웅그르흐 토쌈 새항 벌찌 밴

남부사람의 말을 하나도 이해 못하겠어.
өмнөд нутгийн хүний яриаг огт ойлгохгүй байна.
움누드 노트기-잉 후니- 야리악 억트 어일거흐구이 밴

남부지역 өмнөд хэсгийн нутаг
움누드 헤쓰기-잉 노탁

남편	нөхөр 누흐르
납세하다	татвар төлөх 타트와르 툴르흐
낭만적인	романтик 로만티끄
낭비야	үрэгдэл 우렉델
낭비하다	дэмий үрэх 데미- 우레흐
낮	өдөр 우드르
낮은	намхан 남항
낮잠 자다	өдөр унтах 우드르 온타흐
낳다	төрүүлэх 투루-울레흐
내 생각에	миний бодлоор 미니- 벌뜨러-르

남의 충고를 듣다 бусдын зөвлөгөөг сонсох
보쓰딩 주울거-끄 선서흐

남자친구 / 그녀의 남자친구는 어떤 일을 해?
Эрэгтэй найз/Тэр эмэгтэйн найз залуу нь
에렉테 내쯔/테르 에멕텡 내쯔 잘로- 은
ямар ажил хийдэг вэ?
야마르 아질 히-덱 웨

내 소개가 늦었네.
Өөрийгөө оройтож танилцуулсан уучилаарай.
우-르이구- 어래터지 타닐조-올산드 오-칠라-래

내가 말하려는 건 миний хэлэх гэсэн зүйл бол
미니- 헬레흐 게쓩 주일 벌

내가 말했잖아. Би хэлсэн биздээ.
비 헬쓩 비즈데-

내구력이 있는 бат бөх
바트 부흐

내기하다 мөрий тавих
무리- 타비흐

내내 турш
토르쉬

내년 ирэх жил
이레흐 질

내려가다 уруудах
오로-따흐

내리다 буух
보-흐

내부 дотоод тал
더-터-뜨 탈

내 생각엔 миний бодлоор
미니- 버뜰러-르

내가 뭐라고 말했어? Би юу гэж хэлсэн бэ?
비 유- 게찌 헬쑹 베

내가 뭘 잘못 했어요? Би юу буруу хийсэн бэ?
비 유- 보로- 헬쑹 베

내가 알기로는 миний мэддэгээр
미니- 메뜨뜨게-르

내가 알았을 때 Намайг мэдэхэд
나매끄 메떼헤뜨

내가 이상한 거예요? Би хачин байна уу?
비 하칭 배노-

내건 내가 고를 거야.
Өөрийхийгөө би өөрөө сонгоно.
어-리-잉히-거- 비 어-러- 성건

내기 할래요? Мөрий тавих уу?
무리- 타비호-

ㄴ

내용 агуулга
아고-올락

내일 маргааш
마르가-쉬

내일 아침 маргааш өглөө
마르가-쉬 우글러-

냄비 түмпэн сав
툼풍 삽

냄새 맡다 үнэртэх
우네르테흐

냉수 хүйтэн ус
휘텡 오쓰

내수 진작(경제용어)
дотоодын бүтээгдэхүүнийг нэмэгдүүлэх
더터-디-잉 부테-엑데후닉- 네멕둘-레흐

내일 보는 거다 응? Мараащ харна шүү За?
마르가-쉬 하른 슈- 자

내일 오후 маргааш үдээш хойш
마르가-쉬 우데-쉬 허쉬

내일 이 시간에 다시 올게요.
Маргааш энэ цагт ирье.
마르가-쉬 엔 착트 이리

내조 эхнэрийн тусламж
에흐네리-잉 토쓸람지

냄새가 안 좋은 муухай үнэртэй
모-해 우네르테

냄새를 제거하다 үнэргүй болгох
우네르구이 벌거흐

냄새를 풍기다 үнэр ханхлуулах
우네르 항흘로-올라흐

냉장고	хөргөгч 후르극치	넘치다	бялхах, халгих 뱔하흐, 할기흐
너	чи 치	넣다	хийх 히-흐
너무 예쁜	их хөөрхөн 이흐 후-르흥	네 번째	дөрөвдүгээр 두릅두게-르
넓다	өргөн, уудам 우르긍, 오-땀	네(대답)	за, тийм 자, 티-임
넘다	хэтрэх, давах 헤트레흐, 다와흐	네덜란드	Нидерланд 니데를란드
넘어지다	унах 오나흐	네모진	дөрвөлжин 두르블찡

너무 애쓰지 마. — Битгий их санаа зов.
비트기- 이흐 사나- 접

너무 적게 먹네. — Их жоохон иддэг юм байна.
이흐 쩌-헝 이드떽 윰 밴

네, 그렇게 해주세요. — Тийм, тэгээд хийж өгнө үү.
티-임, 테게-드 히-찌 우그누-

네, 제가 박민수입니다. — Тийм, би Пак Мин Сү.
티-임, 비 박민수

네가 원하는 대로 — чиний хүслийн дагуу
치니- 후쓸리-잉 다고-

ㄴ

네트워크 сүлжээ 술쩨-

넥타이 зангиа 장갸

넷(숫자) дөрөв 두릅

년 / 5년 жил, таван жил 질, 타왕 질

노동 хөдөлмөр 후뜰므르

노동시간 ажиллах цаг 아질라흐 착

노동자 ажилчин 아질칭

노란색 шар өнгө 샤르 웅그

노래 дуу 도-

노래방 караоке 카라오케

년전 / 일년전 жилийн өмнө/нэг жилийн өмнө 질리-잉 우믄 / 넥 질리-잉 우믄

년후 / 일년후 жилийн дараа/нэг жилийн дараа 질리-잉 다라- / 넥 질리-잉 다라-

노동력 хөдөлмөрийн чадвар 후뜰므리-잉 차뜨와르

노동력을 낭비하다 Ажиллах хүчийг хий дэмий үрэх 아질라흐 후치-끄 히- 데미- 우레흐

노래 잘하다 дуу сайн дуулдаг 도- 생 도-올닥

노래 좀 그만 불러. Дуулахаа боль. 도-올라하- 벌

노래하다 дуулах
도-올라흐

노력 хичээл зүтгэл
히체-엘 주트겔

노력하다 хичээх
히체-흐

노를 젓다 сэлүүрдэх
셀루-르데흐

노벨상 новелийн шагнал
노벨링 샤그날

노선 чиг шугам
칙 쇼감

노인 настай хүн
나스테 훙

노크하다 хаалга тогших
하-알락 턱쉬흐

노트 дэвтэр
뎁테르

노파 эмгэн
엠긍

노래도 좋지요. Дуу ч гэсэн зүгээр шүү.
도- 치 게쓴 쭈게-르 슈-

노래방에서 노래하다 Караокед дуу дуулах
카라오케뜨 도- 도-올라흐

노래방을 싫어하다 Караокед дургүй
카라오케뜨 도르구이

노래와 음악 дуу ба хөгжим
도- 바 훅짐

노름하다 мөрийтэй тоглох
무리-테 터글러흐

노트북 зөөврийн компьютер
주-브리-잉 컴퓨테르

ㄴ

녹음하다	дуу хураах 도- 호라-흐	농구	сагсан бөмбөг 삭상 붐북
녹차	ногоон цай 너거-엉 채	농담이야	тоглосон юм 터글성 윰
논문	диссертаци 디쎄르타치	농담하다	тоглож хэлэх 터글러찌 헬레흐
놀다	тоглох 터글러흐	농민	тариачин 타리아칭
놀라다	цочих, айх 처치흐, 애흐	농업	газар тариалан 가자르 타리알랑
놀러 나가다	зочлох 저철러흐	농촌	тариачны тосгон 타리아치니 터쓰겅
놀러오다	зочилж ирсэн 저칠찌 이르쓩	높은	өндөр 운드르

노트북은 누구 거예요? Энэ ноте бүүк хэнийх вэ?
엔 너트북 헤니-흐 웨

논쟁하지 말자. Мэтгэлцэхээ больцгооё.
메트겔치헤- 벌치거이

놀랄까봐 걱정하다 цочих вий гэж санаа зовох
처히흐 위- 게찌 사나- 저워흐

농림부 хөдөө аж ахуйн яам
후떠- 아찌 아호잉 얌

높은 가격	өндөр үнэ 운드르 운	누구	хэн 헹
높이	өндөр 운드르	누구나	хэн нь ч 헤 는 치
놓다	тавих 타위흐	누구세요?	хэн бэ? 헹 베

ㄴ

농업세
газар тариалангын татвар
가자르 타리알랑깅 타트와르

높은 성적을 거두다
өндөр оноо цуглуулах
운드르 어너– 초글로–올라흐

높은 위치
өндөр газар
운드르 가자르

누가 더 나이가 많아요?
Хэн илүү ахимаг настай вэ?
헹 일루– 아히막 나스테 웨

누가 시켰어?
Хэн захиалсан бэ?
헹 자할승 베

누가 알고 싶은데?
Хэн мэдмээр байна?
헹 메뜨메–르 밴

누구 배고파?
Хэний гэдэс өлсөж байна?
헤니– 게떼스 울스찌 밴

누구 차례예요?
Хэний ээлж вэ?
헤니– 엘찌 웨

누군데?	Хэн юм бэ? 헹 윰 베	눈동자	хүүхэн хараа 후-헹 하라-
누르다	дарах 다라흐	눈물	нулимс 놀림쓰
누설하다	алдах 알따흐	눈병	нүдний өвчин 누드니- 웁칭
눅눅해지다	чийг даах 치-끄 다-흐	눈보라	цасан шуурга 차쌍 쇼-락
눈(기후)	цас 차쓰	눈사람	цасан хүн 차쌍 훙
눈(신체)	нүд 누드	눈썹	хөмсөг 훔쑥

누구를 찾으세요? Хэнийг хайж байна вэ?
헤니-끄 헤지 밴 웨

누구의 집에 가시는데요?
Хэний гэрлүү явж байгаа юм бэ?
헤니- 게를루- 야우찌 배가- 윰 베

누군가와 통화하다 Хэн нэгэнтэй холбоо барьсан
헹 네근테 헐버- 배리쌍

누룽지 агшаасан будааны хусам
악샤-상 보따-니 호쌈

눈사람을 만들다 цасан хүн хийх
차쌍 훙 히-

눈앞 нүдний өмнө
누드니- 우믄

눈을 뜨다 нүдээ нээх
누데- 네-흐

눈이 내리다 цас орох
차쓰 어러흐

눈이 부시다 нүд гялбах
누드 걀바흐

눈이 아프다 нүд өвдөх
누드 웁드흐

눈이 오다 цас орох
차쓰 어러흐

뉘앙스 ярианы өнгө
야랴니 웅그

뉴스 мэдээ
메데-

뉴스를 듣다 мэдээ сонсох
메데- 선서흐

느긋한 сэтгэл амар байх
세트길 아마르 배흐

느끼다 мэдрэх
메뜨레흐

느끼해 (맛) тослог, хурц
터슬럭, 호르츠

눈싸움하다 цасаар байлдаж тоглох
차싸르 배앨따찌 터글러흐

눈에 거슬리는 сэтгэлд үл нийцэх
세트겔드 울 니-체흐

눈이 나빠서 안경을 써야해.
Нүд чинь муу байгаа учраас нүдний шил
누드 친 모- 배가- 오치라-쓰 누드니- 쉴
зүүх хэрэгтэй.
주-흐 헤렉테

눈치보다 бусдын аяа талыг харах
보쓰딩 아야 탈리끄 하라흐

느리다	удаан 오따–앙	늙은 여성	хөгшин эмэгтэй 훅싱 에멕테
늘어나다	уртсах 오르트사흐	능동적인	санаачлагатай 사나–칠락태
늙다	хөгшрөх 훅쉬르흐	능력	авьяас чадвар 아위야스 차뜨와르
늙은	хөгшин 훅싱	능숙한	гарамгай 가람가이

능(왕의 무덤) хаад ноёдын булш
하–드 녀디–잉 볼시

능숙해지다 гарамгай болох
가람가이 벌러흐

늦게 도착하다 оройтож хүрэх
어러이터찌 후레흐

늦게 와서 미안해요. Оройтож ирсэнд уучлаарай.
어러이터찌 일승드 오–칠라–래

늦게 일어나다 оройтож сэрэх
어러이터찌 세레흐

늦게 잠자리에 들다 орой унтах
어러이 온타흐

늦잠을 자주 자요. Байнга орой болтол унтдаг.
밴가 어러이 벌털 온트닥

늦었다 хоцорсон 허처르성

늦은 хоцорсон 허처르성

늦잠자다 орой босох 어러이 버써흐

ㄴ

ㄷ

다 팔렸어. Бүгд зарагдсан.
북드 자락드상

다가가다 дөхөж очих
두흐찌 어치흐

다른 өөр
어-르

다른 것들 өөр зүйлсийг
어-르 주일시-끄

다 먹다 / 다 먹었어요.
Бүгдийн идэх/бүгдийг нь идсэн.
북디-인 이데흐 / 북디-끈 이드승

다 알아. Бүгдийг нь мэднэ.
북디-끈 메든

다 알아듣다 бүгдийг нь сонсоод ойлгох
북디-끈 선서-뜨 어일거흐

다가오다 (시기) ойртож ирэх
어러이터찌 이레흐

다른 것 좀 보여 주세요. Өөрийг үзүүлж өгөөч.
어-리-끄 우주-울찌 우거-치

다른 도시보다 오토바이가 많다.
Өөр хотуудыг бодвол мотоцикл их юм.
어-르 호토-디끄 버뜨월 모토치클 이흐 윰

다른 것으로 바꾸다 өөрөөр солих
어-러-르 설리흐

다른 면	өөр тал 어-르 탈	다리(건축)	гүүр 구-르
다른 방법	өөр арга 어-르 아락	다리미	индүү 인두-

다른 말은 안 해? Өөр хэлэх зүйл байхгүй юу?
어-르 헬레흐 주일 배흐구이 요

다른 방법으로 하자. Өөр аргаар хийе.
어-르 아르가-르 히-

다른 사람으로 착각했어요.
Өөр хүнтэй андуурчихлаа.
어-르 훈테 안도-르치흘라-

다른 색도 있어요? Өөр өнгө бий юу?
어-르 옹그 비- 요

다른 선택권이 없어. Өөр сонгох эрх байхгүй.
어-르 성거흐 에리흐 배흐구이

다른 음식으로 바꿔도 되요?
Өөр хоолоор сольж болох уу?
어-르 허-얼러-르 설찌 벌러호-

다른 일을 없습니까? Өөр ажил байхгүй юу?
어-르 아질 배흐구이 요

다리를 다치다 хөлөө гэмтээх
훌러- 겜테-흐

ㄷ

다리와 도로 гүүр ба зам
구-르 바 잠

다림질하다 индүүдэх
인두-데흐

다만 зөвхөн, ганц
즙흥, 간츠

다사다난한 хүндрэлтэй
훈드렐테

다섯 번째 тав дугаар
탑 도가-르

다섯 тав
타우

다소간 их бага хугацаа
이흐 박 혹차-

다수의 олон тооны
얼렁 터-니

다시 느려지다 дахиад удах
다햐드 오따흐

다시 전화하다 дахиж ярих
다히찌 야리흐

다발 / 장미꽃 한 다발 баглаа/сарнай нэг боодол
바글라-/사르내 넥 버-떨

다시 가져가다 дахин авч явах
다힝 압치 야와흐

다시 개최되다 дахин нээх
다힝 네-흐

다시 돌려줘야해. Дахиж буцааж өгөх хэрэгтэй.
다히찌 보차-찌 우그흐 헤렉테

다시 말씀해 주세요. Дахиад хэлж өгнө үү.
다햐드 헬찌 우그누-

다시 오셨으면 좋겠네요.
Дахиад ирвэл зүгээр байна.
다햐드 이르웰 쭈게-르 밴

다운되다 (전산) гацах
가차흐

다음달 дараа сар
다라- 사르

다음날 дараа өдөр
다라- 우드르

다음번 дараагийн удаа
다라-기-잉 오따-

다시 전화할게. дахиж ярина аа.
다히찌 야리나-

다시 한 번 дахин нэг удаа
다힝 넥 오따

다시 한 번 잘 찾아봐. Дахиад нэг сайн хайгаад үз.
다햐드 넥 생 해가-뜨 우즈

다시 한번하다 Дахин нэг удаа хийх
다힝 넥 오따 히-흐

다음 아시아게임은 어디서 열려?
Дараагийн азийн тоглолт хаана болох вэ?
다라-기-잉 아지-잉 터글럴트 하-안 벌러흐 웨

다음 아시안게임 Дараагийн Азийн тэмцээн
다라-기-잉 아지-잉 템체-엥

다음 역에 내리다 Дараагийн буудал дээр бууна
다라-기-잉 보-딸 데-르 보-온

다음 일요일은 괜찮아?
Дараагийн ням гариг зүгээр үү?
다라-기-잉 냠 가릭 쭈게-루-

ㄷ

다음에 올게요. дараа ирье
다라- 이리

다음으로 дараа
다라-

다음주 дараа долоо хоног
다라- 덜러- 허넉

다지다 татах
타타흐

다치다 гэмтэх
겜테흐

다큐멘터리 баримтат кино
바림타트 키노

다행이다 азтай, ашгүй дээ
아쯔태, 아식구이 데-

닦다 арчих
아르치흐

단결하다 эв нэгдэл
에브 넥델

단계 үе шат
우예 샤트

다음부터는 дараагийн удаагаас
다라-기-잉 오따-가-쓰

다음에 다시 전화할게. Дараа дахин утсаар ярья.
다라- 다힝 오트사-르 야리

다음에 무슨 일이 생겼는데요?
Дараа нь ямар юм тохиолдсон гэнэ?
다라-안 야마르 윰 터혈뜨성 겐

다음에 사용하다 дараа хэрэглэх
다라- 헤렉레흐

다음에 얘기해 줄게요. Дараа хэлж өгье.
다라- 헬찌 우기

다이어트하다 хоолны дэглэм барих
허-얼르니 덱렘 바리흐

단독의 ганцаар
간차-르

단발머리 тайрмал үс
태르말 우쓰

단백질 уураг
오-락

단식 хоол сойлт
허-얼 설트

단어 үг
욱

단어 넣기 үг оруулах
욱 어롤라흐

단언하다 батлан хэлэх
바틀랑 헬레흐

단위 нэгж
넥찌

단장 байгууллагын дарга
배고-올라깅 다락

단지 ганцхан
간츠항

단체 байгууллага
배고-올락

단체손님 олон зочид
얼렁 저치드

단추 товч
텁치

닫다 хаах
하-흐

달(시간) сар
사르

달(천체) сар
사르

단거 많이 먹지 마.
Чихэрлэг юм битгий их идээрэй.
치헤를렉 윰 비트기- 이흐 이데-레

단식투쟁하다 өлсгөлөн зарлан тэмцэх
울스글릉 자를랑 템체흐

단체 여행객 багаараа явж байгаа жуулчид
바가-라- 야우찌 배가- 조-올치드

ㄷ

달다 (맛) чихэртэй
치헤르테

달라붙다 нэгж
넥찌

달러 доллар
덜라르

달리다 гүйх
구이흐

달력 хуанли
환리

달성하다 биелүүлэх
빌루-울레흐

달아나다 зугатаах
족타-흐

달아요 чихэрлэг нялуун
치헤를렉 냘로-옹

달팽이 эмгэн хумс
엠겡 홈스

닭 тахиа
타햐

닭고기 тахианы мах
타햐니 마흐

닭날개 тахианы далавч
타햐니 달랍치

달라붙다 (옷이 젖어서) нааладах
날-라다흐

달리기 경주를 하다. гүйлтийн тэмцээнд орох
구일티-잉 템체-엔뜨 어러흐

달면서 맛있다. Чихэрлэг мөртлөө амттай.
치헤를렉 무르틀러- 암트태

달팽이처럼 느린 эмгэн хумс шиг удаан
엠겡 홈스 쉭 오따-앙

닭 머리랑 다리 좀 잘라주세요.
Тахианы толгой гуяыг нь салгаад өгөөч.
타햐니 털거- 고이끈 살가-드 우거-치

닭띠	тахиа жил 타하 질	담보대출	барьцаат зээл 배르차-트 제-엘
닮은	дуурайсан 도-래쌍	담요	сүлжмэл хөнжил 술찌멜 훈질
담당하다	хариуцах 하리오차흐	담임하다	хариуцах 하리오차흐
담배	тамхи 타미흐	답례하다	хариу ёслох 하리오 여슬러흐
담배를 피우다	тамхи татах 타미흐 타타흐	답변하다	хариулах 하리올라흐
담보	барьцаа 배르차-	당근	лууван 로-왕

담배를 끊다 — тамхинаас гарах
타미흐나-쓰 가라흐

담배를 피워도 될까요? — Тамхи татаж болох уу?
타미흐 타타찌 벌러호-

담배 피우지마. — Тамхи бүү тат.
타미흐 부- 타트

당신 뜻대로 하세요. — Чи өөрийнхөө хүслээр хий.
치 어-리-잉허- 후쓸레-르 히-

당신 말씀이 맞아요. — Чиний хэлсэн үг зөв.
치니- 헬승 욱 줍

ㄷ

당부하다 захих
자히흐

당신이 바트씨 이신가요?
Та Бат уу?
타 바토-

당연하다 мэдээж
메데-찌

당연하지 мэдээж шүү дээ
메데-찌 슈-데-

당신께 행운이 있기를 빕니다. Танд аз хүсье.
탄드 아쯔 후쓰이

당신도 그녀를 아세요?
Та ч гэсэн тэр эмэгтэйг мэдэх үү?
타 치 게쑝 테르 에멕테그 메데후-

당신말을 못 알아듣겠어요.
Таны ярьж байгааг ойлгохгүй байна.
타니 야리찌 배가-끄 어일거흐구이 밴

당신을 알게 되어서 매우 기뻐요.
Тантай танилцсандаа маш их баяртай байна.
탄테 타닐츠산다- 마쉬 이흐 바야르태 밴

당신을 위한 거예요. Танд зориулсан юм.
탄드 저리올승 윰

당신이 승자예요. Та зорчигч.
타 저리칙츠

당신이 원하는 대로요. Таны хүслын дагуу.
타니 후슬링 다고-

당좌예금 хугацаагүй хадгаламж
혹차-구이 하뜨갈람찌

당황하다 сандрах
산드라흐

대(나무) хулс
홀스

대규모의 их хэмжээний
이흐 헴제-니-

대극장 том театр
텀 띠아트르

대기(권) агаар мандал
아가-르 만달

대단하시군요. агуу юм аа.
아고- 유마-

대단한 мундаг
몬닥

대답하다 хариулах
하리올라흐

대량의 их хэмжээний
이흐 헴제-니-

대령 хурандаа
호란다-

대륙 эх газар
에흐 가자르

대리점 салбар
살바르

대명사 төлөөний үг
툴루-니- 욱

대변 баас, өтгөн
바-쓰, 우트긍

대 / 선풍기 3대 ширхэг, сэнс 3 ширхэг
쉬르헥, 센쓰 고르왕 쉬르헥

대 / 택시 1대 ширхэг, такси 1 ширхэг
쉬르헥, 탁시 넥 쉬르헥

대강 얼마나 걸려? Ерөнхийдөө хэр зарцуулах вэ?
유릉히-더- 헤르 자르초-올라흐 웨

대담하게 말을 하다 зоригтой ярих
저릭태 야리흐

ㄷ

대변보다 өтгөн гаргах
우트긍 가르가흐

대본 эх зохиол
에흐 저혈

대사 элчин сайд
엘칭 새드

대사관 элчин сайдын яам
엘칭 새딩 얌

대신하다 орлох
어를러흐

대의(원대한 뜻) шудрага ёс
쇼뜨락 여쓰

대접하다 дайлах
댈라흐

대중 олон нийт
얼렁 니-트

대중교통 нийтийн тээвэр
니-티-잉 테-웨르

대체로 ерөнхийдөө
유릉히-더-

대부분 너무 놀라한다 ихэнх хүмүүс их гайхдаг
이헹흐 후무스 이흐 개흐닥

대사관 가는 길이에요. Элчин явж байна.
엘칭 야우찌 밴

칭기스 호텔 건너편
Чингис зочид буудлын эсрэг тал
칭기스 저치드 보-딸링 에쓰렉 탈

칭기스 호텔은 어디에 있어요?
Чингис зочид буудал хаана байдаг вэ?
칭기스 저치드 보-딸 하-안 배따끄 웨

대중식당 нийтийн хоолний газар
니-티-잉 허-얼르니- 가자르

대체하다 орлуулах
어로-올라흐

대출하다 зээлэх
제-엘레흐

대통령 ерөнхийлөгч
유릉힐-룩치

대표(회사) төлөөлөгч
툴루-울룩치

대표자 төлөөлөгч
툴루-울룩치

대표팀 төлөөлөгч баг
툴루-울룩치 박

대학교 дээд сургууль
데-드 소르고-올

대합실 хүлээх өрөө
훌레-흐 우러-

대처하다 арга хэмжээ авах
아락 헴제- 아와흐

대출기한은 얼마인가요?
Зээл олгох хугацаа нь хэд вэ?
제-엘 얼거흐 혹차- 안 헬드 웨

대통령을 뽑다 ерөнхийлөгчөө сонгох
유릉힐-룩처- 성거흐

대표단 төлөөлөгчдийн баг
툴루-울룩치디-잉 박

대학에서 강의를 맞고 있습니다.
Дээд сургуульд хичээл заадаг.
데-드 소르고-올드 히체-엘 자-닥

대학원 магистранд, докторантын сургууль
마기스트란드, 덕터란틩 소르고-올

ㄷ

대항하다 өрсөлдөх
우르술드흐

대화 ярилцлага
야릴촐락

대회 их чуулган
이흐 초-올강

댄스 бүжиг
부직

더 илүү
일루-

더 쉽다 илүү амархан н
일루- 아마르항

더 높은 илүү өндөр
일루- 운드르

더 늦다 илүү хоцрох
일루- 허츠러흐

더 많이 өшөө их
우슈- 이흐

더 많이 있다 өшөө их бий
우슈- 이흐 비-

더 있어 дахиад байгаа
다햐드 배가-

더 큰 илүү том
일루- 텀

더럽히다 бохирлох
버히를러흐

더불어 хамтрах
함트라흐

대학원에서 공부중인 магистарт сурч байгаа
마기스타르트 소르치 배가-

더 나가서는 илүү цаашлаад
일루- 차-쉴라-드

더 드시겠어요? Нэмж идэх үү?
넴지 이드후-

더 작은 것은 없나요? Илүү жижиг байхгүй юу?
일루- 찌찌끄 배흐구이 요

더블룸	давхар өрөө 답하르 우러-
더운	халуун 할로-옹
덕	буян, ач 보양, 아치
덕담	ерөөлтэй үг 유러-얼테 욱
던져버리다	шидэх 쉬떼흐
덫	хавх 합흐

더럽군 정말.

Бохир юм үнэхээр.
버히르 윰 운헤-르

더 큰 것은 없나요?

Илүү том байхгүй юу?
일루- 텀 배흐구이 요

더 필요한 거 없어요./충분해요

Өөр хэрэгтэй юм байхгүй./хангалттай.
어-르 헤렉테 윰 배흐구이 / 한갈트태

더빙하다

кинонд дуу оруулах
키논드 도- 어로-올라흐

더치페이하다

тус тусдаа мөнгө төлөх
토쓰 토쓰다- 뭉그 툴르흐

더치페이해도 될까요?

Тус тусдаа мөнгө төлж болох уу?
토쓰 토쓰다- 뭉그 툴찌 벌러호-

덜 심심하게 하다

бага уйдах
박 오이다흐

ㄷ

덮다 (담요) хучих
호치흐

덮다 (책) хаах
하-흐

데다 (불에) түлэгдэх
툴렉데흐

데리고 오다 дагуулж ирэх
다고-올찌 이레흐

데스크톱 дэлгэц
델게츠

데이트 болзоо
벌저-

데이트를 약속하다 болзох
벌저흐

데치다 орлуулах
어를로-올라흐

도구 багаж
바가찌

도기 шаазан ваар
샤-장 와-르

도달하다 хүрэх
후레흐

도덕 ёс суртахуун
여쓰 소르타호-옹

도둑 хулгайч
홀가치

도를 넘다 хэтрүүлэх
헤트룰-레흐

도망가다 зугтах
족타흐

도서관 номын сан
너밍 상

데이터베이스 мэдээллийн сан
메델링 상

도 / 40도 хэм/градус 40 хэм
헴, 그라도스/ 두칭 헴

도매로 팔다 бөөнөөр худалдах
버-누-르 호딸다흐

도시 хот
허트

도움이 되는 тус болох
토쓰 벌러흐

도자기 ваар
와-르

도착하다 хүрэх
후레흐

도착할거야. хүрнэ
후렌

독립하다 бие даах
비예 다-흐

독수리 хар тас
하르 타쓰

독신 ганц бие
간츠 비예

독일 Герман
게르망

독자(가족) айлын ганц хүү
애일링 간츠 후-

독자(구독) уншигч
온쉭치

독창적 бүтээлч
부테-엘치

독특한 өвөрмөц
우브르무치

돈 мөнгө
뭉그

도와줄 수 있어요? Тусалж чадах уу?
토쌀찌 차뜨호-

도움이 필요한 일이 있으면, 말씀만 해주세요.
Туслалцаа хэрэгтэй ажил байвал хэлээрэй.
토쓸랄차- 헤렉테 아질 배왈 헬레-레

돈 많이 벌고 복 받으세요.
Мөнгө их олж ивээл их аваарай.
뭉그 이흐 얼찌 이웨-엘 이흐 아와-래

ㄷ

돈을 받다 Мөнгө авах
뭉그 아와흐

돈을 벌다 Мөнгө олох
뭉그 얼러흐

돌다 (방향) эргэх
에르게흐

돌려주다 эргүүлж өгөх
에르구-울찌 우그흐

돈 충전해주세요. Мөнгөөр цэнэглээд өгнө үү.
뭉거-르 체넥레-드 우그누-

돈을 계산하다 мөнгө тооцоолох
뭉그 터-처-얼러흐

돈을 많이 쓰지 않다 Мөнгө их үрэхгүй байх
뭉그 이흐 후레흐구이 배흐

돈을 모으다 / 오토바이를 사기 위해 돈을 모으다
Мөнгө цуглуулах/
뭉그 초글로-올라흐/
Мотоцикл авахын тулд мөнгө цуглуулах
머터치글 아와힝톨드 뭉그 초글로-올라흐

돈을 빌려주실 수 있으세요?
Мөнгө зээлдүүлж чадах уу?
뭉그 제-엘두-울찌 차뜨호-

돈을 송금하다 Мөнгө шилжүүлэх
뭉그 쉴쭈-울레흐

돈을 인출하다 Банкнаас мөнгө авах
방크나-쓰 뭉그 아와흐

돌려드리러 왔어요. Эргүүлж өгөхөөр ирлээ.
에르구-울찌 우그허-르 이를레-

돌보다	асрах 아쓰라흐	동남아	Зүүн өмнөд Ази 주-웅 움누드 아지
돌아오다	эргэж ирэх 에르게찌 이레흐	동료	хамт ажилладаг хүн 함트 아질닥 훙
돌연히	гэнэтийн 겐티-잉	동메달	хүрэл медаль 후렐 메달
돕다	туслах 토슬라흐	동물	амьтан 암탕
돕다	дэмжих 뎀지흐	동물원	амьтны хүрээлэн 암트니 후레-엘렝
동(방향)	зүүн 주-웅	동반자	замын хань 자밍 하니
동갑 맞아요.	нас чацуу. 나쓰 차초-	동반하다	хамтрах 함트라흐
동갑인	нас чацуу 나쓰 차초	동사(문법)	үйл үг 우일 욱
동굴	агуй 아고이	동생	дүү 두-

동료의 집을 방문하다
Ажлынхаа хүний гэрт зочлох
아질링하- 후니- 게르트 저칠러흐

동반자 관계
замын ханийн харилцаа
자밍 하니-잉 하릴차-

ㄷ

동시에 нэг зэрэг
넥 제렉

동업자 хамтран эрхлэгч
함트랑 에르흐렉치

동유럽 Зүүн Европ
주-웅 유럽

동의하다 зөвшөөрөх
줍슈-르흐

동포 нэг үндэстэн
넥 운데쓰텡

돛을 달다 далбаа дэлгэх
달바 델게흐

돼지 гахай
가해

돼지띠 гахай жил
가해 질

되나요? Болж байна уу?
벌찌 배노-

되다 болох
벌러흐

되풀이하다 давтах
답타흐

두 번째 хоёр дох
허여르 더흐

두개로 자르다 хоёр хуваах
허여르 호와-흐

두고 가다 орхиод явах
어리허-드 야와흐

동안 / 8시간 동안 турш/найман цагийн турш
토르쉬/ 내망 차기-잉 토르쉬

됐다 안됐다 해요.
Нэг болоод нэг болохгүй байна.
넥 벌러-드 넥 벌러흐구이 밴

두 번 했어. Хоёр удаа хийсэн.
허여르 오따- 히-씅

두 팀이 비겼어. Хоёр баг тэнцчихсэн.
허여르 박 텐츠치흐승

두근거리다	догдлох 덕들러흐	둘 다	хоёулангийн 허열랑기-인
두꺼비	бах 바흐	둘(숫자)	хоёр 허여르
두다	тавих 타비흐	둘러보다	эргүүлж харах 에르구-울찌 하라흐
두려운	аймар 애이마르	둘레(원주)	тойрог 터이럭
두려워하다	айх 애흐	둥근	дугуй дүрс 도고이 두르스
두부	дүпү 두푸	뒤꿈치	өсгий 우쓰기-
두통이 있는	толгой өвдөх 털거- 웁드흐	뒤죽박죽인	замбараагүй 잠바라-구이
둑	далан 달랑	뒤쪽	ар тал 아르 탈

두고 잊어버리다	орихоод мартчихсан 어리허-드 마르트치흐상
둔화(경제용어)	хөгжлийн удаашралт 훅질링 오다-시랄트
둘러싸다	тойрох, хүрээлэх 터-러흐, 후레-엘레흐

ㄷ

뒤쫓다	араас хөөх 아라-쓰 후-흐	드리다	өгөх 우그흐
뒷담화	араар муулах 아라-르 모-올라흐	드세요(어른에게)	иднэ үү 이드누-
뒷면	ар тал 아르 탈	듣기로는	сонсохнээ 선서흐네-
드라이어	хатаагч 하타-악치	듣다	сонсох 선서흐
드라이하다 (머리)	сэнсдэх 쎈스데흐	들다(손에)	барих 바리흐
드럼(악기)	бөмбөр 붐부르	들다(역기를)	өргөх 우르구흐

뒤에 있는 사람들	ард байгаа хүмүүс 아르뜨 배가- 후무-쓰
뒤집다(안을 밖으로)	өнгийг нь эргүүлэх 웅기-끄 은 에르구-울레흐
드라이브하다	автомашинаар зугаалах 아우터마쉬나-르 조가-알라흐
득점이 나질 않았어요.	Авсан оноо гарахгүй байна. 압상 어너- 가라흐구이 밴
듣기 좋은	сонсоход сайхан 선서허드 새항

들르다 дайраад гарах
대라–드 가라흐

들어가다 орох
어러흐

들판 тал газар
탈 가자르

등(인체) нуруу
노로–

등급 зэрэг дэв
제렉 뎁

등급에 도달하다 зэрэг дэв
제렉 뎁

등대 гэрэлт цамхаг
게렐트 참학

등록하다 бүртгүүлэх
부르트구–울레흐

디스크(전산) диск
디스크

디자인하다 дизайн
디자인

디지털 дижитал
디지털

따다(과일) таслах
토슬라흐

들어가도 돼? Орж болох уу?
어르찌 벌러호–

등기우편 баталгаат шуудан
바탈가–트 쇼–당

등기우편으로 보내려고요.
Баталгаат шуудангаар явуулах гэж байна.
바탈가–트 쇼–당가–르 야올라흐 게찌 밴

등록증 бүртгэлийн гэрчилгээ
부르트겔리–잉 게르칠게–

디지털카메라 дижитал аппарат
디지털 아파라트

ㄷ

따뜻하게 하다(난방)	халаах 할라-흐	
따뜻하다	дулаахан 돌라-항	
따라가다	дагаж явах 다가찌 야와흐	
따로	тусдаа 토쓰다-	
따르다(명령)	дагах 다가흐	
따르다 (액체)	аягалах 아야글라흐	
따르지 않다	дагахгүй 다가흐구이	
따지다	ялгаж салгах 얄가찌 살가흐	
딱딱한	хатуу 하토-	
딸	охин 어힝	
딸기	гүзээлзгэнэ 구제-엘즈겐	
딸꾹질	зогисох 저기서흐	
땀을 흘리다	хөлс урсгах 훌스 오르스가흐	
땅	газар 가자르	
땅을 갈다	газар хагалах 가자르 하갈라흐	
땅을 밟다	газар гишгэх 가자르 기쉬게흐	
땅콩	газрын самар 가자링 사마르	
때때로	заримдаа 자림다-	
때리다	цохих 처히흐	
떠나다	орхиж явах 어르히찌 야와흐	

때문에 / 나 때문이라고 생각해.
учраас/Надаас болсон гэж бодож байна.
오치라-쓰/나따-쓰 벌성 게찌 버떠찌 밴

떨어지다	унах 오나흐	뚱뚱하다	бүдүүн 부두-웅
떼(무리)	сүрэг 수렉	뛰다	гүйх 구이흐
또는	бас 바쓰	뜨거운	халуун 할로-옹
또한	дахиад 다햐드	뜨거워	халуун 할로-옹
똑같다	адилхан 아딜항	뜨다(물에서)	хөвөх 후부흐
똑바로 가다	Цэх явах 체흐 야와흐	뜨다(연예인)	тодрох 토뜨러흐
뚜껑	таглаа 타글라-	뜯다	задлах 자뜰라흐

떠올리다 / 그녀를 떠올리곤 했다.
санаанд орох/Тэр эмэгтэй санаанд орлоо.
사나-안드 어러흐/테르 에멕테 사나-안드 어를러-

또 까먹었어요? Дахиад мартчихсан уу?
다햐드 마르트치흐스노-

똑같이 예쁘다 адилхан хөөрхөн
아딜항 후-르흥

똑똑히 말하다 тодорхой хэлэх
터떠르허 헬레흐

ㄷ

뜯어봐. Задлаад үз.
자뜰라-뜨 우즈

뜻(의미) утга
오탁

뜻대로 хүссэнчлэн
후쓰승치릉

뜨거운 물 조금만 더 주세요.
Халуун ус ахиад жоохон өгнө үү.
할로-옹 오쓰 아히아드 쩌-헝 우그누-

ㄹ

라디오 радио
라디어

라면 гоймон
고이멍

라이터 асаагуур
아싸-고-르

러시아 Орос
어러쓰

러시아어 Орос хэл
어러쓰 헬

레드카드 улаан карт
올라-앙 카르트

레몬주스 лемонны шүүс
레모니 슈-스

레벨 түвшин
툽싱

레스토랑 зоогийн газар
저-기-잉 가자르

로그인(전산) нэвтрэх
넵트레흐

로맨틱한 романтик
러만티끄

로비 лоби
로비

라디오 방송국 радио нэвтрүүлэг
라디어 넵트루-울레끄

렌터카회사 машин түрээслүүлдэг компани
마싱 투레-스루-울덱 컴파니

로딩 용량(전산) хадгалах багтаамж
하트갈라흐 박타-암지

로마에 가면 로마법을 따라야지.
Ромд очвол Ромын хуулийг дагах хэрэгтэй.
롬드 어치월 러밍 호-올리-끄 다가흐 헤렉테

루마니아	Румын 로미-잉
리더	удирдагч 오띠르탁치
리듬	хэмнэл 헴넬
리셉션	хүлээн авалт 훌레-엥 아왈트
리스트	жагсаалт 작사-알트
립스틱	уруулын будаг 오로-올링 보딱
롤 / 휴지 3롤	боодол/нойлын цаас 3 боодол 버-덜/너얼링 차-쓰 고르왕 버-덜
룸서비스	өрөөний үйлчилгээ 우러-니- 울칠게-
리모컨	телевизийн удирдлага 텔레비지-잉 오띠르들락
리터 / 물 1리터	литр/Ус 1 литр 리트르/오쓰 넥 리트르

ㅁ

마늘 сармис
사르미스

마르다 хатах
하타흐

마른(건조) хатсан, хуурай
하트상, 호-래

마술 илбэ
일베

마스크 маск
마스크

마시다 уух
오-흐

마실 것 уух юм
오-흐 윰

마약 хар тамхи
하르 타미흐

마우스(전산) маус
마우스

마을 тосгон
터쓰겅

마땅히 ~ 해야 한다 хийх нь зохистой хийх ёстой
히-흔 저히스터 히-흐 여쓰터

마리 / 닭 3마리
амьтны ширхэг/тахиа гурван ширхэг
암트니 쉬르헥/ 타햐 고르왕 쉬르헥

마약을 하다 хар тамхи хэрэглэх
하르 타미흐 헤렉레흐

마우스 오른쪽 클릭하다
Маусныхаа баруун товчийг дарах
마우스니하- 바로-옹 텁치-끄 다라흐

마을 입구 тосгоны төв хаалга
터쓰거니 툽 하-알락

ㅁ

마음 сэтгэл
세트겔

마음대로 өөрийн дураар
어-리-잉 도라-르

마음이 아파 сэтгэл өвдөх
세트겔 웁드흐

마음이 아픈 сэтгэл өвдсөн
세트겔 웁드승

마음이 평온한 сэтгэл амар
세트겔 아마르

마이너스의 хасах
하싸흐

마지막 сүүлийн
수-울리-잉

마찬가지로 адил, ижил
아딜, 이질

마음에 드는 сэтгэлд нийцсэн
세트겔드 니-츠승

마음에 드는 물건 сэтгэлд нийцсэн юм
세트겔드 니-츠승 윰

마음에 드십니까? Сэтгэлд чинь нийцэж байна уу?
세트겔드 친 니-체찌 배노-

마음에 안 들어요. Сэтгэлд нийцэхгүй байна .
세트겔드 니-체흐구이 밴

마음을 다해서 бүх сэтгэлээсээ
부흐 세트겔레-쎄-

마음이 따뜻한 сэтгэл дүүрэн
세트겔 두-렝

마중 나가다 тосохоор гарсан
터써허-르 가르상

마취하다	мансуурах 만소-라흐	막내	отгон хүүхэд 어트겅 후-헬
마치다	дуусгах 도-쓰가흐	막다	бөглөх, таглах 부글르흐, 타글라흐
마침표를 찍다	Цэг тавих 첵 타위흐	만(바다)	далайн булан 달랭 볼랑
막 뛰어가다	хамаагүй гүйх 하마-구이 구이흐	만나다	уулзах 오-올자흐
막(연극)	сүүлчийн 수-울치-잉	만두	банш 반쉬

마천루 — тэнгэр баганадсан барилга
텡게르 바가나뜨승 바릴락

막 ~하려하다 — яг хийх гэж байсан
약 히-흐 게찌 배상

막 2년 되었어요. — Яг 2 жил болсон.
약 허여르 질 벌성

막 일어났어요. — Саяя яг боссон.
사이 약 버쓰성

만기가 되다 — хугацаа дуусах
혹착가- 도싸흐

만나고 싶다/ 바트씨를 만나고 싶어요.
уулзмаар байна / Баттай уулзмаар байна.
오-올즈마-르 밴 바트태 오-올즈마-르 밴

ㅁ

만들다 хийх
히–흐

만들어 내다 хийж гаргах
히–찌 가르가흐

만약 хэрвээ
헤르웨–

만족하는 сэтгэл хангалуун
세트겔 항갈로–옹

많은 олон, их
얼렁, 이흐

많은 곳 олон газар
얼렁 가자르

만약 그렇다면 хэрвээ тэгвэл
헤르웨– 테그웰

만약 그렇지 않다면 хэрвээ тэгэхгүй бол
헤르웨– 테게흐구이 벌

만약 바쁘지 않으시면, 같이 가요.
Хэрвээ ажил их биш бол хамт явья.
헤르웨– 아질 이흐 비쉬 벌 함트 야위

만약 필요하다면 хэрвээ хэрэгтэй бол
헤르웨– 헤렉테 벌

만족스러워 сэтгэл хангалуун
세트겔 항갈로–옹

만족시키다 сэтгэл хангалуун болгох
세트겔 항갈로–옹 벌거흐

만족해요 сэтгэл хангалуун байна
세트겔 항갈로–옹 밴

만화영화 хүүхэлдэйн кино
후–헬뎅 키노

많은 사람	их хүн 이흐 훙	말(언어)	хэл 헬
많이	их 이흐	말 자르지마	үг битгий таст 욱 비트기- 타스트
많이 먹다	их идэх 이흐 이데흐	말(동물)	морь 머르
많이 먹었어.	Их идсэн. 이흐 이드승	말도 안돼	Арай ч дээ 아래 치 데-
맏아들	ууган хүү 오-강 후-	말띠	морь жил 머르 질

많이 돌봐주시기 바랍니다.
Их харж хандаж байгаарай.
이흐 하르찌 한다찌 배가-래

많이 들어도 하나도 이해하지 못한다.
Олон сонссон ч нэгч ойлгохгүй байна.
얼렁 선스성 치 넥치 어일거흐구이 밴

많이 먹고 많이 커라. Их идэж их том болоорой.
이흐 이데찌 이흐 텀 벌러-래

많이 바쁘지 않아. Их хасагдахгүй.
이흐 하싹다흐구이

말라보여요. Туранхай харагдаж байна.
토랑해 하락다찌 밴

ㅁ

말라지다(체중)	турах 토라흐	말자하면	юу гэвэл 요 게웰
말레이시아인	Малайз 말래즈	말하기를	хэлэхийг 헬레히-끄
말리다(건조)	хатаах 하타-흐	말하다	хэлэх 헬레흐
말씀	үг хэл 욱 헬	말해봐	хэлээд үз 헬레-드 우즈
말을 타다	морь унах 머르 오나흐	맑은(날씨)	цэлмэг 첼멕

말씀하실 것이 있으면, 제가 전해 드릴게요.
Хэлэх зүйл байвал би дамжуулаад өгье.
헬레흐 주일 배왈 비 담조-올라-드 우기

말씀해 주실 수 있나요? Хэлж өгч болох уу?
헬찌 욱치 벌러호-

말을 자르다 хэлэх үгийг тасдах
헬레흐 욱 타스다흐

말하고 싶은 기분이 아니야. Сэтгэл санаа муу
세트겔 사나- 모-
байгаа учраас хэлмээргүй байна.
배가- 오치라-쓰 헬메-르구이 밴

말할 필요가 없다 хэлэх шаардлагагүй
헬레흐 샤-르들락구이

맛	амт 암트	맛이 좋은	амттай 암트구이
맛보다	амтлах 암틀라흐	맛있어?	амттай байна уу? 암트태 배노-
맛보세요.	амсаад үз 암싸-드 우즈	망가뜨리다	эвдлэх 에위들레흐
맛없다	амтгүй 암트구이	맞나요?	Зөв үү? 주부-

말했잖아요. Хэлсэн шүү дээ.
헬승 슈- 데-

맛없어 보여. Амтгүй харагдаж байна.
암트구이 하락다찌 밴

맛있게 먹어. Сайхан хооллоорой.
새항 허-얼러-래

맛있겠다 Их амттай байхдаа
이흐 암트태 배흐다-

망치다 /다 망쳐 버렸잖아.
алх/Бүгдийг нь алхаар цохьчихсон.
알흐/북디-끈 알하-르 처흐치흐성

맞는 길로 가고 있나요? Зөв замаар явж байна уу?
줍 자마-르 야우찌 배노-

ㅁ

맞은편	эсрэг тал 에쓰렉 탈
맞추다	тааруулах 타-로-올라흐
맡기다	даатгах 다-트가흐
매너	байдал төрх 배딸 투르흐
매년	жил бүр 질 부르
매다	уях, боох 오야흐, 버-흐
매력 있는	сэтгэл татдаг 세트겔 타트닥
매우	маш, их 마쉬, 이흐
매우 조금	маш жоохон 마쉬 쩌-헝
매일	өдөр бүр 우드르 부르

맞는지 보려고 입어봤어.
Таарч байна уу үгүй юу гэдгийг үзэх
타-르치 배노 우구이 요- 게뜨기-끄 우제흐
гээд өмссөн.
게-뜨 움스승

맡아서 해나가다	хариуцаад хийх 하리오차-드 히-흐
매니큐어 칠하다	хумсаа будаж янзлах 홈싸- 보따찌 얀즐라흐
매력	сэтгэл татам, дур булаам 세트겔 타탐, 도르 볼라-암
매우 당황하다	их гайхаж самгардах 이흐 가이하찌 삼가르다흐

매진 зүтгэл
주트겔

매트 дэвжээ
뎁제-

매트리스 матрасс
마트라쓰

매혹 сэтгэл булаам
세트겔 볼라-암

매화 тэргүүлэгч цэцэг
테르구-울렉치 체첵

맥박 судасны цохилт
소따스니 처힐트

맥주 пиво
피워

맥주 4병 пиво 4 шил
피워 두르붕 쉴

맵다 халуун ногооны амт
할로-옹 너거-니 암트

맺다 тогтоох
턱터-흐

매일 2알씩 өдөр бүр 2 ширхэг
우드르 부르 허여르 쉬르헥

매일 몇 시부터 몇 시까지 일해요?
өдөр бүр хэдэн цагаас хэд хүртэл
우드르 부르 헤등 차가-쓰 헨 후르텔
ажил хийх вэ?
아질 히-흐 웨?

매표소 тасалбар түгээгүүрийн газар
타살바르 투게-구-리-잉 가자르

맥주 많이 마시면 배 나올 거야.
Пиво их уувал гүзээ суунa.
피워 이흐 오-왈 구제- 소-온

맥주나 술을 드시겠어요? Пиво юм уу архи уух уу?
피워 유모- 아리흐 오-호-

ㅁ

머리	толгой 털거이	머리를 묶다	үсээ боох 우쎄- 버-흐
머리가 나쁜	толгой муу 털거이 모-	머리카락	үс 우쓰
머리가 좋다	толгой сайн 털거이 생	머물다	буудаллах 보-달라흐
머리를 감다	толгой угаах 털거이 오가-흐	먹고싶다	идмээр байна 이드메-르 밴

머리가 벗겨지다	халзан болох 할짱 벌러흐
머리가 아프다	толгой өвдөх 털거이 웁드흐
머리를 가로 젓다(거절)	толгой сэгсрэх 털거이 섹스레흐
머리를 기르다	үсээ ургуулах 우쎄- 오르고-올라흐
머리를 숙이다	толгой бөхийлгөх 털거이 부히-일그흐
머리를 스타일링하다	үсээ стилний болгох 우쎄 스틸니- 벌거흐
머리를 풀다	үсээ задгай тавих 우쎄- 자뜨게 타비흐

먼(거리) **хол**
헐

먼가요? **хол уу?**
헐로-

먼저 **эхлээд**
에흘레-드

먼지 **тоос**
터-쓰

멀리뛰기 **хол гүйх**
헐 구이흐

멀미하다 **дотор муухайрах**
더터르 모-해라흐

멀지? **хол уу?**
헐로-

멈추다 **зогсоох**
적서-흐

먹다 / 다 먹어. **идэх/бүгдийг нь ид**
이데흐/북디-끈 이드

먹어봐도 되요? **Идэж үзэж болох уу?**
이데찌 우제찌 벌러호-

먼저 가도 되지? **Түрүүлээд явж болно биз дээ?**
투루-울레-드 야우찌 벌른 비즈 데-

먼저 가도 될까요? **Түрүүлээд явж болох уу?**
투루-울레-드 야우찌 벌러호-

먼저 간다. **Түрүүлээд явлаа.**
투루-울레-드 야울라-

먼저 도착하다 **түрүүлж хүрж очих**
투루-울찌 하르찌 어치흐

멀미를 멈추게 하다 **дотор муухайрахыг зогсоох**
더터르 모-해라히-끄 적서-흐

ㅁ

멈칫하다 түр намдах
투르 남다흐

멋진 гоё, сайхан
고이, 새항

멍청하지 않다 тэнэг биш
테넥 비쉬

메뉴판 меню
메뉴

메다 үүрэх
우-레흐

메달 медаль
메달

메달을 따다 медаль авах
메달 아와흐

메뚜기 царцаа
차르차-

메모 тэмдэглэл, зурвас
템데글렐, 조르와스

메모리(전산) санах ой
사나흐 어이

메스꺼운 дотор муухайрах
더터르 모-해라흐

멜로디 мелоди
메로디

멜로영화 уянгын кино
오양깅- 키노

멤버 гишүүн
기슈-웅

메뉴판을 보여주세요. Менюгээ өгөөч.
메뉴게- 우거-치

메달을 수여하다 медаль олгох
메달 얼거흐

메모를 남기다 тэмдэглэл үлдээх
템데글렐 울데-흐

메시지를 보내다 мессеж илгээх
메시지 일게-흐

며느리	бэр 베르	면도칼	сахлын хутга 사할링 호탁
며칠	хэдэн өдөр 헤등 우드르	면도하다	сахлаа хусах 사흘라– 호싸흐
며칠에?	Хэдний өдөр? 헤뜨니– 우드르	면적	талбай 탈배
면도기	сахлын машин 사할링 마싱	면접	ярилцлага 야릴촐락
면도용 크림	сахлын тос 사할링 터쓰	명 / 10명	хүн/10 хүн 훙/아르왕 훙

며칠 표를 사려고 하나요?
Хэдний өдрийн тасалбар авах вэ?
헤뜨니– 우드리–잉 타살바르 아와흐 웨

면밀히 검토하다
нарийн шалгах
나리–잉 샬가흐

면세점
татваргүй барааны дэлгүүр
타트와르구이 바라–니 델구–르

명령체계
тушаалын тогтолцоо
토샤–알링 턱털처–

명승고적
байгаль түүхийн дурсгалт газар
배갈 투–히–잉 도르스갈트 가자르

명승지
алдартай дурсгалт газар
알다르태 도르스갈트 가자르

ㅁ

명령 тушаал
토샤-알

명부 анкет
앙케트

명사 нэр үг
네르 욱

명성 алдар нэр
알따르 네르

명절 баяр ёслол
바야르 여슬럴

명절을 새다 баярлах
바야를라흐

명중하다 онох
어너흐

명확한 нарийн нягт
나리-잉 냑트

몇 가지 хэдэн төрөл
헤뜽 투를

몇 개 있는 хэдэн ширхэг
헤뜽 쉬르헥

명예와 지위 нэр алдар ба зэрэг дэв
네르 알따르 바 제렉 뎁

명절에 가족모두 모여서 즐겁게 보낸다.
Баяр ёслолоор гэр бүлийхэн цуглаж
바야르 여슬러-르 게르 불링흥 초글라찌
хөгжилтэй цаг өнгрүүлдөг.
훅질테 착 웅그르-울덱

명절에 몽골사람들은 전통음식을 먹는다.
Баяр ёслолын өдөр Монголчууд үндэсний
바야르 여슬럴잉 우두르 멍걸초-드 운데스니
хоолоо иддэг.
허-얼러- 이떽

명함이 있다 Нэрийн хуудас байгаа
니리-잉 호-따스 배가-

몇 년 хэдэн жил
헤뜽 질

몇 번 Хэдэн номер
헤뜽 너메르

몇 년도에? Хэдэн онд вэ?
헤뜽 온드 웨

몇 살이야? Хэдтэй вэ?
헤뜨테 웨

몇 가지 소개 좀 해주세요.
Хэдэн зүйлээ танилцуулж өгнө үү.
헤뜽 주일레– 타닐초–올찌 우그누–

몇 가지 의견 хэдэн төрлийн санал
헤뜽 투를리–잉 사날

몇 곳을 소개해 주세요.
Хэдэн газар танилцуулж өгнө үү.
헤뜽 가자르 타닐초–올찌 우그누–

몇 년 후 다시 열려요?
Хэдэн жилийн дараа дахиж нээгдэх вэ?
헤뜽 질리–잉 다라– 다히찌 네–끄데흐 웨

몇 년 후에 хэдэн жилийн дараа
헤뜽 질리–잉 다라–

몇 살이세요? Хэдэн настай вэ?
헤뜽 나스태 웨

몇 시 비행기인데? Хэдэн цагийн онгоц вэ?
헤뜽 차기–잉 엉거츠 웨

몇 시에 도착해요? Хэдэн цагт хүрэх вэ?
헤뜽 착트 후레흐 웨

ㅁ

몇 시에? Хэдэн цагт?
헤뜽 착트

몇 층? Хэдэн давхар вэ?
헤뜽 답하르 웨

몇 컵 хэдэн аяга
헤뜽 아약

몇몇의 хэд хэдэн
헤드 헤뜽

모계제도 аргын тогтолцоо
아르기-잉 턱털처

모기가 물다 шумуул хазах
쇼모-올 하자흐

몇 시에 떠나요? Хэдэн цагт явах вэ?
헤뜽 착트 야와흐 웨

몇 시에 시작하나요? Хэдэн цагт эхлэх вэ?
헤뜽 착트 에흘레흐 웨

몇 시에 우리 가요? Бид хэдэн цагт явах вэ?
비드 헤뜽 착트 야와흐 웨

몇 시에 일어나요? Хэдэн цагт босох вэ?
헤뜽 착트 버서흐 웨

몇 일전에 Хэд хоногийн өмнө
헤뜨 허너기-잉 우믄

몇 장씩 현상하시겠어요?
Хэдэн ширхэгийг угаалгах вэ?
헤뜽 쉬르헤게-끄 오가-알가흐 웨

몇 주 хэдэн долоо хоног
헤뜽 덜러- 허넉

모기에 물리다 шумууланд хазуулах
쇼모-올란드 하조-올라흐

모기장 шумуулны тор
쇼모-올니 터르

모니터 монитор
머니터르

모니터하다 хянах
햐나흐

모델(사람) модель
머델

모두 бүгд
북드

모두 같다 бүгд хамт
북드 함트

모기에 물린 자국 шумууланд хазуулсан ул мөр
쇼모-올란드 하조-올상 올 무르

모두 당신을 위한 거라고요. Бүгд таны төлөө.
북드 타니 퉅러-

모두 뜻대로 이루어지길 바랍니다.
Бүгд биелээсэй гэж хүсэж байна.
북드 비옐레-세 게찌 후쎄찌 밴

모두 얼마예요? Бүгд хэд вэ?
북드 헤뜨 웨

모든 가게가 문을 닫다 Бүх дэлгүүр хаана
부흐 델구-르 하-안

모든 것을 포함하다 Бүгдийг хамруулна
북디-끄 하므로-올른

모든 여자들은 흰 피부를 가지고 싶어 한다.
Бүх эмэгтэйчүүд цагаан арьстай болохыг хүсдэг.
부흐 에멕테추-드 차가-앙 아리스태 벌러히끄 후스덱

ㅁ

모두 앉으세요. Бүгд суу.
북드 비쉬

모두들 가요 Бүгд явья.
북드 야위

모래 элс
엘스

모레 нөгөөдөр
누그-드르

모르는 사람 мэдэхгүй хүн
메데흐구이 훙

모방하다 дуурайх
도-래흐

모으다 цуглуулах
초글로-올라흐

모이다 цуглах
초글라흐

모자 малгай
말개

모자라는 дутсан
도트상

모자를 쓰다 малгай өмсөх
말개 움스흐

모조품 хиймэл эд
히-멜 에드

모르겠는데, 거기까지는 생각해보질 않았어.
Мэдэхгүй, Тэрийг бодож үзсэнгүй.
메데흐구이, 테리-끄 버더찌 우쯔승구이

모르다 / 잘 모르다 мэдэхгүй/сайн мэдэхгүй
메데흐구이/생 메데흐구이

모자 쓰세요. Малгай өмснө үү.
말개 움스누-

모자가 끼다 малгай багадах
말게 박다흐

모자가 좀 커야 할 것 같아요.
Малгай нь жоохон том байх хэрэгтэй юм шиг.
말갠 쩌-헝 텀 배흐 헤렉테 윰 식

모퉁이 булан өнцөг
볼랑 운측

목(구멍) хоолой
허-얼러-

목걸이 зүүлт
주-울트

목걸이를 차다 зүүлт зүүх
주-울트 주-흐

목격자 гэрч
게르치

목격하다 гэрчлэх
게르칠레흐

목도리를 하다 ороолт зүүх
어러-얼트 주-흐

목록 каталог
카탈로그

목마른 хоолой хатах
허-얼러- 하타흐

목소리 дуу авиа
도- 아위아

목수 мужаан
모자-앙

목요일 Пүрэв гариг
푸릅 가릭

목욕하다 биеэ угаах
비에 오가-흐

목욕하다 угаалга хийх
오갈락 히-흐

목이 쉬다 хоолой сөөх
허-얼 수-흐

목재 мод
머드

목소리가 왜 그래요? Дуу чинь яагаав?
도- 칭 야가-우?

목의 염증 хоолойн үрэвсэл
허-얼렁 우렙셀

목적을 달성하다 зорилгоо биелүүлэх
저릴거 빌루-울레흐

ㅁ

목적	зорилго 저릴럭	몸	бие 비
목표	зорилт 저릴트	몸매	бие галбир 비 갈비르
몰두하다	махран зүтгэх 마흐랑 주트게흐	못(도구)	хадаас 하다-쓰
몰라.	мэдэхгүй. 메데흐구이	못생기다	царай муутай 차래 모-태
몰래	нууцаар 노-차-르	못생긴	царай муутай 차래 모-태
몰래 먹다	нууцаар идэх 노-차-르 이데흐	몽골	Монгол 멍걸

몰래 도망 오다 — нууцаар зугтах
노-차-르 족타흐

몰래 훔치다 — нууцаар хулгайлах
노-차-르 홀갈라흐

몸무게가 얼마야? — Биеийн жин хэд вэ?
비이-잉 징 헤뜨 웨

못 참겠어 — тэсэж чадахгүй нь
테세찌 차다흐구인

몽골 가수 중에 누굴 제일 좋아해요?
Монгол дуучид дундаас хэнд нь илүү дуртай вэ?
멍걸 도-치드 돈다-쓰 헨든 일루- 도르태 웨

몽골사람	Монгол хүн 멍걸 훙	몽골에서는	Монголд 멍걸드
몽골어	Монгол хэл 멍걸 헬	묘비	бунхны хөшөө 봉흐니 후셔-

몽골 사람은 은행을 싫어해.
Монгол хүн банкинд дургүй.
멍걸 훙 방킨드 도르구이

몽골 요리가 아주 맛있다고 들었어.
Монгол хоол их амттай гэж дуулсан.
멍걸 허-얼 이흐 암트태 게찌 도-올상

몽골 겨울은 길다
Монголын өвөл нь урт
멍걸링 우월른 오르트

몽골 이름은 토야이다.
Монгол нэр нь Туяа.
멍걸 네른 토야

몽골 친구가 없어.
Монгол найз байхгүй.
멍걸 내쯔 배흐구이

몽골 친구한테 부탁해야겠어
Монгол найзаасаа гуйхаас
멍걸 내짜-싸- 고이하-쓰

몽골 화폐
Монголын мөнгөн дэвсгэрт
멍걸링 뭉긍 뎁스게르트

몽골가수는 잘 몰라.
Монгол дуучин сайн мэдэхгүй.
멍걸 도-칭 생 메데흐구이

ㅁ

몽골국민 모두
монгол ард түмэн бүгд
멍걸 아르드 투멩 북드

몽골군대의 가장 높은 계급은 뭐야?
Монголын цэргийн хамгийн дээд цол юу вэ?
멍걸링 체르기-잉 함기-잉 데-드 철 요- 웨

몽골도 살기 좋아요.
Монголд ч гэсэн амьдрах сайхан.
멍걸드 치 게씅 암드라흐 새항

몽골사람은 힘이 세다.
Монгол хүн хүчтэй.
멍걸 훙 후치태

몽골어 공부 그만 할래.
Монгол хэл сурах аа болилоо.
멍걸 헬 소라하- 벌릴러-

몽골어 공부하느라 바빠.
Монгол хэл сурах гээд завгүй байна.
멍걸 헬 소라흐 게-드 자우구이 밴

몽골어 공부할 시간을 내고 있어.
Монгол хэл сурах цаг гаргаж байна.
멍걸 헬 소라흐 착 가르가찌 밴

몽골어 더 공부하지 않을 거야.
Монгол хэл дахиж сурахгүй.
멍걸 헬 다히찌 소라흐구이

몽골어 발음이 어려워요.
Монгол хэлний дуудлага хэцүү.
멍걸 헬르니- 도-뜰락 헤추-

몽골어 자막 있는 시디
Монгол хэл дээр үг нь гардаг сиди
멍걸 헬 데-르 욱은 가르닥 시디

몽골어 잘 못합니다.
Монголоор сайн ярьж чадахгүй.
멍걸러-르 생 야리찌 차다흐구이

몽골어 좀 가르쳐 주세요.
Монгол хэл жоохон зааж өгөөч.
멍걸 헬 쩌-헝 자-찌 우거-치

몽골어로 번역하는 능력이 아직 부족합니다.
Монгол хэлээр бичгийн орчуулга хийх чадвар
멍걸 헬레-르 비치기-잉 어르초-올락 히-흐 차드와르
арай дутмаг.
아래 도트막

몽골어로 설명 못하겠어요.
Монголоор тайлбарлаж чадахгүй байна.
멍걸러-르 탤바를라찌 차다흐구이 밴

몽골어로 이야기하다
Монголоор ярих
멍걸러-르 야리흐

몽골어로 key가 뭐예요?
Монголоор түлхүүрийг юу гэдэг вэ?
멍걸러-르 툴후-리-끄 요- 게떽 웨

몽골어를 공부하러 왔어.
Монгол хэл сурахаар ирсэн.
멍걸 헬 소라하-르 이르승

ㅁ

몽골어를 능숙하게 한다.
Монголоор гарамгай ярьдаг.
멍걸러-르 가람가이 야리닥

몽골어를 모른다.
Монгол хэл мэдэхгүй.
멍걸 헬 메데흐구이

몽골어를 잘 하시네요.
Монголоор сайн ярьдаг юм байна шүү.
멍걸러-르 생 야리닥 윰 밴 슈-

몽골에 더 머물고 싶어.
Монголд дахиад хэд хономоор байна.
멍걸드 다햐드 헨 허너머-르 밴

몽골에 온지 얼마 안돼요.
Монголд ирээд удаагүй.
멍걸드 이레-드 오따-구이

몽골에 온지 얼마나 되었어요?
Монголд ирээд хэр удсан бэ?
멍걸드 이레-드 헤르 오뜨상 베

몽골에 왔을 때
Монголд ирэх үед
멍걸드 이레흐 우이드

몽골에서 어디가 제일 아름다워요?
Монголын хаана хамгийн үзэсгэлэнтэй вэ?
멍걸링 하-안 함기-잉 우제스겔렝테 웨

몽골에선 이것을 뭐라고 부르는지 몰라요.
Монголд энийг юу гэж дуудадгийг мэдэхгүй.
멍걸드 에니-끄 요- 게찌 도-닫기-그 메데흐구이

묘사하다	дүрслэл 두르쓸렐	무너지다	нурах 노라흐
무거워	хүнд 훈드	무대(연극)	тайз 태즈
무겁다	хүнд 훈드	무덤	булш 볼쉬
무게가 나가다	жинтэй 진테	무력한	хүчгүй 후치구이
무관심하다	үл тоох 울 터-흐	무료	үнэгүй 운구이

몽골은 매우 달라요. Монголд огт өөр.
멍걸드 옥트 어-르

몽골음식 많이 먹었어. Монгол хоол их идсэн.
멍걸 허-얼 이흐 이드승

몽골이 살기 좋습니까? Монголд амьдрах сайхан уу?
멍걸드 암드라흐 새흐노-

몽골전쟁이 언제 끝났는지 아세요?
Монголд дайн хэзээ дуусасныг мэдэх үү?
멍걸드 댄 헤제- 도-스쓰니끄 메데흐-

몽한사전 Монгол/Солонгос толь бичиг
멍걸/설렁거스 톨 비칙

무단횡단하다 гарцгүй газраар явах
가르츠구이 가즈라-르 야와흐

ㅁ

무선 утасгүй
오타쓰구이

무설탕 чихэргүй
치헤르구이

무슨 일 ямар ажил
야마르 아질

무슨 일이야? Юу болов?
요- 벌럽?

무슨 급한 일이 있어요?
Ямар нэгэн яралтай хэрэг гараа юу?
야마르 네근 야랄태 헤렉 가라- 요-

무슨 노랜지 아세요?
Энэ ямар дуу болохыг мэдэх үү?
엔 야마르 도- 벌러흐-익 메데흐 우-

무슨 말인지 모르겠어
Юу гэсэн үг юм мэдэхгүй байна
요- 게씅 욱 윰 메데흐구이 밴

무슨 얘기 중이야? Юу ярьж байгаан?
요- 야리찌 배가-안

무슨 언어로? Ямар хэлээр?
야마르 헬레-르

무슨 얘기를 하시는 거예요? Юу гэж хэлсэн бэ?
요- 게찌 헬승 베

무슨 일로 오셨어요? Ямар ажлаар ирсэн бэ?
야마르 아질라-르 이르승 베

무슨 일이건 Ямар ч ажил байсан
아마르 치 아질 배상

무엇 юу
요-

무역 худалдаа
호딸다-

무역법 худалдааны хууль
호딸다-니 호-올

무역부 худалдааны яам
호딸다-니 얌

무역하다 худалдаа хийх
호딸다- 히-흐

무죄 нүгэлгүй
누겔구이

무한한 хязгааргүй
햐즈가-르구이

묶다 боох
버-흐

묶다 буудаллах
보-달라흐

문 хаалга
하-알락

문맹의 бичиг мэдэхгүй
비칙 메데흐구이

문명 соёл иргэншил
서열 이르겐쉴

문법 дүрэм
두렘

문서 бичиг баримт
비칙 바림트

문을 닫다 хаалга хаах
하-알락 하-흐

문을 열다 хаалга нээх
하-알락 네-흐

ㅁ

무슨 책 출판해요? Ямар ном хэвлэх вэ?
야마르 넘 헤울레흐 웨

무엇을 드시고 싶으세요? Юу идмээр байна вэ?
요- 이드메-르 밴 웨

문 좀 열어줘요. Хаалга онгойлгож өгөөч.
하-알락 엉걸거찌 우거-치

문자 үсэг бичиг
우섹 비칙

문장 өгүүлбэр
우구-울베르

문제 асуулт
아소-올트

문제가 있다 асуудалтай
아소-달태

문학 уран зохиол
오랑 저혈

문화 соёл
서열

문화원 соёлын хүрээлэн
서열링 후레-엘렝

문화유산 соёлын өв
서열링 웁

묻다(땅에) булах
볼라흐

묻다(질문) асуух
아소-흐

문을 두드리다 хаалга тогших
하-알락 턱쉬흐

문을 잠갔어요? Хаалгаа цоожилсон уу?
하-알라가- 처-질스노-

문자 보내줘. Мессеж илгээж өгөөч.
메세지 일게-찌 어거-치

문자를 보내다 мессеж явуулах
메시지 야올라흐

문제가 되질 않다 асуудал болохгүй
아소-달 벌러흐구이

문제를 풀다 асуултыг тайлах
아소-올티끄 탤라흐

물 ус
오쓰

물고기 загас
자가쓰

물가 барааны үнэ
바라-니 운

물고기를 잡다 загас барих
자가쓰 바리흐

물 더 주세요. Ус дахиад өгөөч.
오쓰 다햐드 우거-치

물가가 갑자기 올랐어. Бараааны үнэ гэнэт өссөн.
바라-니 운 겐트 우쓰승

물가가 많이 오르다 бараанны үнэ их өссөн
바라-니 운 이흐 우쓰승

물가도 올랐으니 수고비도 올라야죠.
Барааны үнэ өссөн юм чинь ажлын хүлсийг
바라-니 운 우쓰승 윰 친 아질링 훌씨-끄
ч эсэн нэмэх хэрэгтэй.
치 게씅 네메흐 헤렉테

물가를 모르니 비싸게 사게 돼.
Барааны үнэ сайн мэдэхгүй болохоор үнэтэй
바라-니 운 생 메데흐구이 벌러허-르 운테
юм авчихдаг.
윰 압치흐닥

물건을 모두 정리하셨어요?
Бараагаа бүгдийг нь янзалсан уу?
바라-가- 북디-끈 얀잘스노-

ㅁ

물다(곤충)	хазах 하자흐	물소	усны үхэр 오쓰니 우헤르
물들이다	будах 보따흐	물약	шингэн эм 싱겡 엠
물러서!	ухар 오하르	물어볼 것이다	асуух болно 아소-흐 벌른
물리	физик 피직	물이 맑다	цэнгэг ус 쳉게그 오쓰
물리다(곤충)	хазуулах 하조-올라흐	물이 얼다	ус хөлдөх 오쓰 훌드흐

물리학 физикийн шинжлэх ухаан
피지키-잉 신질레흐 오하-앙

물리학자 физикийн шинжлэх ухааны эрдэмтэн
피지키-잉 신질레흐 오하-니 에르뎀텡

뭐 더 마실래? Өшөө юу уух вэ?
우셔- 요 오-흐 웨

뭐 드시겠어요? Та юу идэх вэ?
타 요- 이데흐 웨

뭐 이상한 거 못 느끼겠어?
Сонин мэдрэмж төрөөгүй юу?
서닝 메드렘지 투루-구이 요

뭐 좀 드셨어요? Юм идсэн үү?
윰 이드스누-

물질 эд юмс
에드 윰스

물체 биет
비트

뭐 필요해? Юу хэрэгтэй вэ?
요- 헤렉테 웨

뭐 하나만 도와 줬으면 좋겠어요.
Нэг юм хийхэд туслаад өгвөл сайн байна.
넥 윰 히-헤드 토슬라뜨 우그윌 생 밴

뭐 하느라 신경도 안 쓴 거야?
Юу хийгээд тоохгүй байгаа юм бэ?
요- 히-게-드 터-흐구이 배가-윰 배

뭐 하려고? Юу хийх гэж байгаан?
요- 히-흐 게찌 배가-앙

뭐가 과학적이예요. Юун шинжлэх ухаан.
용 신젤레흐 오하-앙

뭐더라? 뭐지? Юу байлаа? Юу билээ?
요- 밸라-? 요- 빌레-

뭐에 대해 말하지? Юуны тухай ярьдаг юм билээ?
요-니 토해 야리닥 윰 빌레-

뭐하고 계세요? Юу хийж байна вэ?
요- 히-찌 밴 웨

뭐하느라 바빴어요?
Юу хийгээд завгүй байгаа юм бэ?
요- 히-게-드 자우구이 배가- 윰 베

ㅁ

물품 эд юм
에드 윰스

뭐 먹어요? Юу идэх вэ?
요– 이데흐 웨

뭐야? Юу вэ?
요– 웨

뭐해? Юу хийж байгаан?
요– 히–찌 배가–앙

뭘 먹어? юу идэх вэ?
요– 이데흐 웨?

미국 америк
아메리크

미국인 америк хүн
아메리크 훙

미끄러지다 хальтрах
할트라흐

미끄럼틀 гулсуур
골소–르

미남 царайлаг эрэгтэй
차랠락 에렉테

뭔가 수상해. нэг л сэжигтэй.
네글 세찍테

뭘 먹는 것을 제일 좋아하세요?
Юу хамгийн их идэх дуртай вэ?
요– 함기–잉 이흐 이데흐 도르태 웨

뭘 탈건데? Юугаар явах вэ?
요–가–르 야와흐 웨

미식축구 америк хөл бөмбөг
아메리크 훌 붐북

미리 말하다 урьдчилаад хэлэх
오릇칠라–드 헬레흐

미래 ирээдүй
이레-두이

미소 инээмсэглэл
이네-엠쎄글렐

미술 урлаг
오를락

미술관 урлагийн галерей
오를라기-잉 갈레페

미용실 гоо сайхны газар
고- 새흐니 가자르

미원(조미료) амтлагч
암틀락치

미지근한 бүлээн
불레-엥

미치겠네. галзуурахнээ.
갈조-라흐네-

미친 галзуу
갈조-

믹서 холигч
헐릭치

민간 иргэн
이르겡

민요 ардын дуу
아르딩 도-

민족 үндэстэн
운데쓰텡

민주 ардчилал
아르드칠랄

미안해 할 필요는 없어요.
Уулчлалт гуйх шаардлага байхгүй.
오-칠랄트 구이흐 샤-르들락 배흐구이

미원 넣지 마세요. Амтлагч биттий хийгээрэй.
암틀락치 비트기- 히-게-래

미터 / 30 미터 митер/гучин
미테르/ 고칭 미테르

믿을 수 없어. итгэж чадахгүй.
이트게찌 차다흐구이

ㅁ

민중 нийтийн
니-티-잉

믿다 итгэх
이트게흐

믿어봐. итгээд үз.
이트게-드 우즈

믿지 마. битгий итгэ.
비트기- 이트게

밀도(비중) нягтшил
냑트실

밀수하다 нууцаар хил давуулах
노-차-르 힐 다오-올라흐

밉다 муухай, дургүй хүрэм
모해, 도르구이 후렘

밑줄 긋다 доогуур нь зурах
더-고-르 은 조라흐

ㅂ

바(술집) баар
바-르

바깥 гадна
가뜬

바깥쪽 гадна тал
가뜬 탈

바꾸다 солих
설리흐

바나나 банана
바나나

바늘 зүү
주-

바다 далай
달래

바닷게 далайн наймалж
달랭 내말찌

바디클린져 бие угаагч
비 오가-악치

바라다 хүсэх
후쎄흐

바라보다 ширтэх
쉬르테흐

바람(기후) салхи
살리흐

바람개비 цаасан сэнс
차-상 센스

바람둥이 завхай
자우해

바꿀 수 없다 солих боломжгүй
설리흐 벌럼지구이

바뀌었으면 좋겠어. Соливол сайн байна
설리월 생 밴

바나나 한 다발 банана нэг багц
바나나 넥 박치

바람이 그치다 салхи зогсох
살리흐 적서흐

바로 가 шууд яв
쇼-뜨 야우

바로 옆에 яг урд
약 오르뜨

바로 위에 яг дээр нь
약 데-른

바쁘다 завгүй
자우구이

바쁘지 않다 завгүй биш
자우구이 비쉬

바람이 불다 салхи салхилах
살리흐 살힐라흐

바람이 세게 불다 салхи хүчтэй салхилах
살리흐 후치테 살힐라흐

바람이 시원하네. сэрүүн салхи.
세르-웅 살리흐

바람이 자주 불다 салхи байнга салхилах
살리흐 밴가 살힐라흐

바로 이해 할 수 있었어.
шууд ойлгож чадахаар байсан.
쇼-뜨 얼거찌 차다하-르 배상

바로 정면에 있는 яг урд нь байсан
약 오르뜬 배상

바쁘신 와중에도 배웅해주시니, 대단히 감사합니다.
Завгүй хэрнээ гаргаж өгсөнд маш их баярлалаа.
자우구이 헤르네- 가르가찌 웃승드 마쉬 이흐 바야를라

바쁜 завгүй 자우구이

바이러스 вирус 비로스

바지 өмд 움드

박람회 үзэсгэлэн яармаг 우제스겔렝 야르막

박물관 музей 모제

박사(학위) доктрын зэрэг 덕트링 제렉

박수 алга таших 알락 타쉬흐

밖 гадна 가뜬

밖에 гадна тал 가뜬 탈

반 хагас 하가쓰

반가운 баяртай 바야르테

반대로 эсргээр 에쎄르게-르

바쁨에도 불구하고 завгүй байгаад зогсохгүй 자우구이 배가-드 적서흐구이

바이러스 걸린 것 같아.
Вирустчихсан юм шиг байна.
비로스트치흐상 윰 식 밴

바이러스를 퍼뜨리다 вирус тараах 비로스 타라-흐

바이러스에 감염되다 вирус халдах 비로스 할다흐

반 / 한시 반 хагас/нэг хагас 하가쓰/넥 하가쓰

ㅂ

반대하다	эсэрг үүцэх 에쎄르구-울체흐	반지	бөгж 북찌
반드시	заавал 자-왈	반지를 끼다	бөгж зүүх 북찌 주-흐
반복하다	давтах 답타흐	반품하다	бараа буцаах 바라- 보차-흐
반영하다	тусах 토싸흐	반하다	дур булаах 도르 볼라-흐
반응	хариу үйлдэл 하료 우일델	받다	авах 아와흐
반장(학급)	ангийн дарга 앙기-잉 다락	받아들이다	авч өгөх 아우치 우그흐

반만 주세요. талыг нь л өгнө үү.
탈리근 를 우그누-

반말로 얘기하다 хар яриагаар ярих
하르 야랴가-르 야리흐

반으로 나누다 таллаж хуваах
탈라찌 호와-흐

반지를 끼면 손이 답답해요.
Бөгж зүүхээр гарт төвөгтэй санагддаг.
북찌 주-헤-르 가르트 투욱테 사낙뜨닥

받는 사람이 없네. Авах хүн байхгүй.
아와흐 훙 배흐구이

받아쓰기 цээж бичиг
체-찌 비칙

받았을 걸요. авсан байхаа.
압상 배하-

발가락 хөлийн хуруу
훌리-잉 호로-

발견하다 олж нээх
얼찌 네-흐

발달하다 хөгжих
훅지흐

발등 хөлийн гануу
훌리-잉 가노-

발명하다 нээлт хийх
네-엘트 히-흐

발생하다 үүдэн гарах
우-뎅 가라흐

발음 авиа дуудлага
아위아 도-뜰락

발자국 хөлийн мөр
훌리-잉 무르

발진 хөөрөх
후-르흐

발톱 хөлийн хумс
훌리-잉 홈스

발표하다 илтгэл тавих
일트겔 타위흐

발행하다 хэвлэх
헤블레흐

발견하다(역사, 과학적으로) нээлт хийх
네-엘트 히-흐

발을 들이다 ажил шинээр эхлэх
아질 시네-르 에흘레흐

발전하다 хөгжин дэлгэрэх
훅징 델게레흐

발효식품 исгэж болгосон хүсний бүтээгдэхүүн
이쓰게찌 벌거성 훈스니- 부텍테후-웅

ㅂ

발효하다 исэх 이쎄흐

밝은 гэгээтэй 게게-테

밝히다(밝게) гэрэлт үүлэх 게렐투-울레흐

밟다 гишгэх 기쉬게흐

밤(때) шөнө 슌

밤늦게 шөнө орой 슌 어러

밥 хоол 허-얼

밥 먹어. хоолоо ид. 허-얼러 이드

밥이 타다 хоол түлэгдэх 허-얼 툴렉데흐

밥하다 хоол хийх 허-얼 히-흐

발휘하다 үзүүлэх, харуулах 우주-울레흐, 하로-올라흐

밝히다(입장) тодорхой болгох 터떠르허 벌거흐

밤 새지마. Шөнө нойргүй хонохоо боль. 슌 너르구이 허너허- 벌

밥 먹었어요? хоолоо идсэн үү? 허-얼러 이드스누-

밥 사주고 싶어. Хоол авч өгмөөр байна. 허-얼 압치 우그무-르 밴

밥이나 먹으러 가자. Хоол ч юм уу идэхээр явья. 허-얼 치 유모 이데헤-르 야위

방 өрөө 우러-

방법 арга 아락

방 번호 өрөөний дугаар 우러-니- 도가-르

방송국 нэвтрүүлэг станц 넵트루-울렉 스탄츠

방귀뀌다 унгас алдах 옹가스 알다흐

방송하다 нэвтрүүлэх 넵트루-울레흐

방금 전 дөнгөж сая 둥그찌 사이

방을 빌리다 өрөө зээлэх 우러- 제-엘레흐

방문하다 айлчлах, зочлох 애일칠라흐, 저칠러흐

방이 답답하다 өрөө давчуу 우러- 답추-

방 번호가 어떻게 되는데?

Өрөөний дугаар нь хэд вэ?
우러-니- 도가-르 은 헤뜨 웨

방문하다 / 바트동생 방문하러가.

Батын дүү зочлохоор явна.
바팅 두- 저칠러허-르 야운

방부제 (의학) муудахаас хамгаалах 모-다하-쓰 함가-알라흐

방영 зурагтын нэвтрүүлэг 조락팅 넵트루-울렉

방안에 에어컨이 있나요?

Өрөөнд агааржуулагч байгаа юу?
우러-언드 아가-르조-올락치 배가- 요

ㅂ

방콕	Банког 방코끄	배가 고파지다	гэдэс өлсөх 게떼쓰 울스흐
방향	чиглэл 치글렐	배가 아프다	гэдэс өвдөх 게떼쓰 웁드흐
배 나온	гэдэс гарсан 게떼쓰 가르상	배고파	өлсөж байна 울스찌 밴
배(과일)	лийр 리-르	배고프다	гэдэс өлсөх 게떼쓰 울스흐
배(교통)	завь 잡	배구	волейбол 왈레벌
배(인체)	гэдэс 게떼쓰	배낭	үүргэвч 우-르겝치

방이 몇 개 있나요?	хэдэн өрөөтэй вэ? 헤등 우러-테 웨?
방이 엉망하다	өрөө замбараагүй 우러- 잠바라-구이
배고파 죽겠다.	Гэдэс өлсөөд үхлээ. 게떼쓰 울스-드 우흘레-
배고픔을 참다	гэдэс өлсөхөө тэсэх 게떼쓰 울스흐- 테쎄흐
배구경기	волейболын тэмцээн 왈레벌링 템체-엥

배를 젓다	сэлүүрдэх 셀루-르데흐	배우	жүжигчин 주찍칭
배를 타다	завинд суух 자윈드 소-흐	배웅하다	үдэж өгөх 우데찌 우그흐
배반자	урвагч 오르왁치	배추	хятад байцаа 햐타드 배차-
배부르다	гэдэс цадах 게떼쓰 차다흐	배터리	зай 재
배불러	цадах 차다흐	백(100)	зуу 조-
배영(수영법)	араар сэлэлт 아라-르 셀렐트	백금	цагаан алт 차가-앙 알트

배달해주실수 있나요?

Хаягаар хүргэж өгч болох уу?

하야가-르 후르게찌 욱치 벌러호-

배불러서 더 못 먹겠어요.

Цадсан учраас нэмж идэж чадахгүй.

차드상 오치라-쓰 넴찌 이데찌 차다흐구이

배웅 나오지 마세요. 돌아가세요.

Үдэж өгөх хэрэггүй. Цаашаа ор.

우데찌 우그흐 헤렉구이 차-샤- 어러

배은망덕한 일이야.

Ач хариулахгүй байх.

아치 하리올라흐구이 배흐

ㅂ

백년	зуун жил 조-옹 질	뱀띠	могой жил 머거이 질
백만	сая 사이	버려	хая 하야
백만(숫자)	сая 사이	버리다	хаях 하야흐
백만장자	саятан 사이탕	버섯	мөөг 무-그
백합	сараана 사라-나	버섯을 따다	мөөг түүх 무-그 투-흐
백화점	их дэлгүүр 이흐 델구-르	버스	автобус 아우터보스
뱀	могой 머거이	번 / 세번째	гуравдугаар 고랍도가-르

백번은 얘기했겠다. зуун удаа ч хэлсэн байх шүү.
조-옹 오따- 치 헬승 배흐 슈-

백혈구 цусны цагаан бөөм
초스니 차가-앙 부-움

버스 39번 39 номерийн автобус
고칭유스 너메리-잉 아우터보스

버스는 거의 타질 않아요.
Автобусанд бараг суудаггүй.
아우터보산드 바락 소-닥구이

번 / 한번	нэг удаа 넥 오따–	벌 받다	шийтгүүлэх 시–트구–울레흐
번개	аянга 아얀가	범위	хүрээ 후레–
번식하다	үржих 우르지흐	범죄	гэмт хэрэг 겜트 헤렉
번역하다	орчуулах 어르초–올라흐	법(방법)	арга 아락

버스를 타고 갈 수 있나요?

Автобусаар явж болох уу?

아우터보사–르 야우찌 벌러호–

버스를 타다

Автобусанд суух

아우터보산드 소–흐

버스정류장

Автобусны буудал

아우터보스니 보–달

번 / 세 번 해야 해.

удаа/гурван удаа хийх хэрэгтэй.

오따–/고르왕 오따– 히–흐 헤렉테

벌 / 옷 한벌

хос/хувцас нэг хос

허쓰/홉차스 넥 허쓰

벌써 3월 말이다.

Аль хэдийн 3/р сарын сүүл болж.

알 헤띠–잉 고르왕 사링 수–울 벌찌

ㅂ

법률	хууль	호-올
벗겨지다(머리)	тайлагдах	탤락다흐
벗기다(사과등)	тайлах	탤라흐
베다	дэрлэх	데를레흐
베란다	саравчит тагт	사랍치트 탁트
벨소리	хонхны дуу	헝흐니 도-
벨트	бүс	부쓰
벽	муу зуршил	모- 조르쉴
벽(집)	хана	한
벽돌	тоосго	터-스거
벽시계	ханын цаг	하닝 착
벽에 걸다	хананд өлгөх	하난드 울그흐
변색하다	өнгө алдах	웅그 알다흐
변호사	өмгөөлөгч	움거-얼럭치
변화하다	өөрчлөгдөх	어-르칠륵드흐
별장	зуслангийн байшин	조슬랑기-잉 배싱
병(질병)	өвчин	웁칭
병맥주	шилтэй пиво	쉴태 피버
법적공휴일	хуулиар тогтоосон албан ёсны амралтын өдөр	호-올리아르 텍터-성 알방 여쓰니 아므랄팅 우드르
별말씀을요.	тэгэж хэлээд яах нь вэ?	테게찌 헬레-드 야흔 웨

병에 걸리다 өвчин тусах
웁칭 토싸흐

병원 эмнэлэг
에밀렉

보고하다 илтгэх
일트게흐

보내다 илгээх
일게-흐

병 / 맥주 3병 шил/Пиво гурван шил
쉴 / 피버 고르왕 쉴

병마개(코르크) лонхны бөглөө
렁흐니 부글러-

병원에 가야해. Эмнэлэг явах хэрэгтэй
에밀렉 야와흐 헤렉테

병의 원인 өвчний эх үүсвэр
웁치니- 에흐 우-스웨르

병이 차도가 있다. Өвчин эдгэрч байна.
웁칭 에드게르치 밴

보건소 эрүүлийг хамгаалах газар
에루-울리-끄 함가-알라흐 가자르

보고서 번역을 도와달라고 하려고요.
Тайлан орчуулах ажилд туслаач гэж
탤랑 어르초-올라흐 아질드 토슬라-치 게찌
хэлэх гэсэн юм.
헬레흐 게쓴 윰

보고서를 작성하고 있어요. Тайлан бичиж байна.
탤랑 비치찌 밴

ㅂ

보너스	бонус 버노스
보너스를 주다	бонус өгөх 버노스 우그흐
보다(비교)	бодвол 버뜨월
보다	харах 하라흐
보라색	ягаан өнгө 야가–앙 웅그
보름달	арван тавны сар 아르왕 타우니 사르
보리	арвай 아르웨
보리밭	арвайн тариг 아르웬 타릭
보리차	арвайн цай 아르웬 채
보살피다	асрах 아스라흐
보상하다	хариу барих 하료 바리흐
보어	туслах үг 토슬라흐 욱

보고서를 작성했어요? тайлангаа бичсэн үү?
태란가– 비치스누–

보관하다 / 잘 보관하다 хадгалах/сайн хадгалах
하뜨갈라흐/생 하뜨갈라흐

보관했다가 다음에 쓴다.
Хадгалж байгаад дараа хэрэглэнэ.
하뜨갈찌 배가–드 다라– 헤렉른

보름동안 계속 비가 오지 않았어.
Арван тав хоногийн турш бороо ороогүй.
아르왕 탑 허너기–잉 토르쉬 버러– 어러–구이

보여줘. үз үүлж үг.
우주-울찌 우그

보장하다 батлах
바틀라흐

보조하다 туслалцаа
토슬랄차-

보존하다 хадгалалт
하뜨갈랄트

보증금 баталгааны мөнгө
바탈가-니 뭉그

보지 않다 харахгүй
하라흐구이

보충하다 нөхөх
누후흐

보통 키 дундаж өндөр
돈다즈 운두르

보통이 아닌 хэвийн биш
헤위-인 비쉬

보편적이다 түгээмэл
투게-멜

보행자 явган зорчигч
야우강 저르칙치

보험 даатгал
다-트갈

보호하다 хамгаалах
함가-알라흐

복권 сугалаа
소갈라-

보조개 хацрын хонхорхой
하츠링 헝허르허

보증기간 баталгаат хугацаа
바탈가-트 혹차-

보통 9시 부터 6시 까지 ер нь бол 9 цагаас 6 цаг хүртэл
유른 벌 유승 착가-쓰 조르강 착 후르텔

보통의 дундаж, ердийн
돈다즈, 유르디-잉

ㅂ

복사 хувилах 호윌라흐

복수(단위) олон тоо 얼렁 터-

복숭아(과일) тоор 터-르

복습하다 давтах 답타흐

복싱 бокс 벅스

복잡한 төвөгтэй 투웩테

복잡한 일 ярвигтай ажил 야릭테 아질

복잡한 төвөгтэй 투웩테

복잡해 төвөгтэй 투웩테

복지 нийгмийн халамж 니-그미-잉 할람지

복통 гэдэсний өвчин 게데스니- 웁칭

본사 төв байгууллага 툽 배고-올락

복사할 줄 알아요? хувилж мэдэх үү? 호윌찌 메데후-

복잡하게 얽힌 төвөгтэйгөөр ээдэрч орооцолдох 투웩테거-르 에-데르치 어러-철더흐

복잡해지다 төвөгтэй болох 투웩테 벌러흐

본적은 없어. Харж байсан удаагүй. 하르찌 배상 오따-구이

볼륨을 줄이다 дуугийн багасгах 도-기-인 박스가흐

본질	үндсэн мөн чанар 운드승 뭉 차나르	봐주다	харж үзэх 하르찌 우제흐
볼펜	бал 발	봐주세요.	Харж үзээч. 하르찌 우제-치
봄	хавар 하와르	봤어요?	харсан уу? 하르스노-
봉급	цалин хөлс 찰링 훌스	부(재산)	эд баялаг 에드 바얄락
봉투	дугтуй 독토이	부계	аавын тал 아-윙 탈
봉하다	дугтуй наах 독토이 나-흐	부끄러운	ичих 이치흐
봉하다(편지)	наах 나-흐	부두	боомт 버-엄트

봉지 / 사탕 한봉지
цаасан уут/чихэр нэг уут
차-상 오-트/ 치헤르 넥 오-트

부가세
нэмүү өртгийн татвар
네무- 우르트기-잉 타트와르

부담스럽게 하고 싶지 않아.
Дарамт учруулмааргүй байна.
다람트 오치로-올마-르구이 밴

부동산
үл хөдлөх хөрөнгө
울 후뚤르흐 후릉거

ㅂ

부드러운	зөөлөн 주-을릉	부분	хэсэг 헤섹
부드러운 피부	зөөлөн арьс 주-을릉 아리스	부사	дайвар үг 데와르 욱
부드럽다	зөөлөн 주-을릉	부상당한	гэмтэх 겜테흐
부르다	дуудах 도-따흐	부어 오른	хавдсан 합드상
부모	эцэг эх 에첵 에흐	부엉이(새)	шар шувуу 샤르 쇼보-
부문	салбар 살바르	부엌	гал тогоо 갈 터거-
부부	эхнэр нөхөр 에흐네르 누흐르	부유한	элбэг дэлбэг 엘벡 델벡

부르다 / 그녀를 불러 올게요.
дуудах/Тэр эмэгтэйг дуудаад ирье.
도-따흐/테르 에멕텍 도-따-드 이리

부모님과 살고 있어. Эцэг эхтэйгээ амьдарч байгаа.
에첵 에흐테게- 암드라치 배가-

부인과 아이는 건강하시죠?
Эхнэр хүүхэд чинь сайн биз дээ?
에흐네르 후-헬 친 생 비즈 데-

부인	эхнэр 에흐네르
부작용	харшил 하르쉴
부족하다	дутмаг 도트막
부처	Будда 봇다
부추기다	өдөх 우드흐
부합하다	таарах 타-라흐
북경(도시)	Бээжин 베-징
북아메리카	Умард америк 오마르드 아메리크

부자 / 그녀 집은 부자예요.
баян/Тэр эмэгтэйн гэр баян.
바양/테르 에멕텐 게르 바양

부재중이다. Одоогоор байрандаа байхгүй байна.
어떠-거-르 배란다 배흐구이 밴

부주의한
анхаарал болгоомжгүй
앙하-랄 벌거-엄지구이

부탁드릴 일이 있습니다. Гуйх шаардлага байгаа.
고이흐 샤-르들락 배가-

부탁하려하다
гуйх гэж байсан
고이흐 게찌 배상

북부지역
умард зүгийн нутаг
오마르드 주기-잉 노탁

북위선
умард өргөрөгийн шугам
오마르드 우르구르기-잉 쇼감

ㅂ

북쪽	умард зүг 오마르드 주
북한	Хойд Солонгос 허이드 설렁거스
분(시간)	минут 미노트
분개하다	уурлан хилэгнэх 오-를랑 힐렉네흐
분별 있는	ялгаатай 얄가-태
분침	цагны урт зүү 차그니 오르트 주-
분홍색	ягаан өнгө 야가-앙 웅그
불	гал 갈
불공평한	эрх тэгш бус 에르흐 텍쉬 보쓰
불다	салхилах 살힐라흐
분석하다	задлан шинжилгээ 자뜰랑 신질게-
분필로 쓰다	шохойгоор бичих 셔허거-르 비치흐
분홍색이 더 좋아.	Ягаан өнгө илүү гоё. 야가-앙 웅그 일루- 고이
불구가 된	тахир дутуу болсон 타히르 도토- 벌성
불륜의 남녀관계	зүй бус эм эрийн харилцаа 주이 보쓰 엠 에리-잉 하릴차-
불만족한	сэтгэл хангалуун бус 세트겔 항갈로-옹 보쓰

불면증 нойргүйтэх өвчин
너르구이테흐 윱칭

불빛 галын гэрэл
갈링 게렐

불안정한 тогтворгүй
턱트워르구이

불안한 түгшүүртэй
툭슈-르테

불운한 азгүй
아즈구이

불을 붙이다 гал асаах
갈 아싸-흐

불쾌한 тавгүй
타우구이

불편하다 таагүй
타-구이

불평하다 амар тайван бус
아마르 태왕 보쓰

불필요한 хэрэггүй
헤렉구이

불합격하다 тэнцсэнгүй
텐츠승구이

불행하게 азгүй, золгүй
아즈구이, 절구이

불행하다 азгүй, золгүй
아즈구이, 절구이

불효의 ачлалгүй
아칠랄구이

불면증에 걸리다 нойргүйтэх өвчин тусах
너르구이테흐 윱칭 토싸흐

불이 깜박깜박하다 гэрэл анивчих
게렐 아닙치흐

불이 깜박깜박해야 충전이 되는 거예요. 아니면 문제 있는 건데요.
Гэрэл нь анивчвал цэнэглээд дууссан гэсэн үг.
게겔른 아닙치왈 체넥레-드 도-스상 게쓸 욱
Эсвэл ямар нэг юм болохгүй болсон гэсэн үг.
에스웰 야마르 넥 윰 벌러흐구이 벌성 게쓸 욱

ㅂ

붓	бийр 비-르	브랜드	брэнд 브렌드
붓다	юүлэх 율-레흐	비가 그치다	бороо зогсох 버러- 적서흐
붕대	боолт 버-얼트	비가 오다	бороо орох 버러- 어러흐
붙이다	наах 나-흐	비가 퍼붓다	бороо цутгах 버러- 초트가흐
브라질	Бразил 브라질	비결	нууц 노-츠

붕대를 감아야 한다.	Боолт боох хэрэгтэй. 버-얼트 버-흐 헤렉테
비 그쳤어?	бороо зогссон уу? 버러- 적스스노-
비가 갑자기 내리다	Бороо гэнэт орох 버러- 겐트 어러흐
비가 갑자기 퍼붓다	Бороо гэнэт цутгах 버러- 겐트 초트가흐
비결이 뭐야?	нууц чинь юу вэ? 노-츠 친 요- 웨
비공식적인	албан ёсны бус 알방 여쓰니 보쓰

비관하다 гутрах 고트라흐

비교적 харьцангуй 하르창고이

비교하다 харьцуулах 하르초-올라흐

비기다 тэнцэх 텐체흐

비누 саван 사왕

비듬 үсны хаг 우쓰니 학

비디오 видео 비데어

비밀스럽게 нууцлаг 노-츨락

비밀이야 нууц шүү 노-츠 슈-

비범한 онцгой 언츠거

비공식휴일이라서 회사마다 달라.
Албан ёсны бус амралт учраас компани
알방 여쓰니 보쓰 아므랄트 오치라-쓰 컴파니
болгон өөр.
벌겅 어-르

비교적 쉽다 харьцангуй амархан 하리창고이 아마르항

비린내가 나다 загасны үнэр гарах 자가쓰니 우네르 가라흐

비밀 / 이거 비밀이야. нууц/энэ нууц шүү. 노-츠/ 엔 노-츠 슈-

비밀을 지키다 нууц хадгалах 노-츠 하드갈라흐

ㅂ

비빔밥 будаатай хуурга
보따-태 호-락

비서 нарийн бичиг
나리-잉 비칙

비스킷 жигнэмэг
지그네멕

비슷하다 адил төстэй
아딜 투스테

비싸게 팔다 үнэтэй зарах
운테 자라흐

비올거야 бороо орно
버러- 어른

비용 зардал
자르달

비우다 хоослох
허-슬러흐

비율 хувь
호위

비자 виз
비즈

비자를 연장하다 виз сунгах
비즈 송가흐

비탈길 налуу зам
나로- 잠

비평하다 шүүмжлэх
슈-움질레흐

비프스테이크 бифштейк
비프쉬테크

비서를 뽑다 нарийн бичиг сонгох
나리-잉 비칙 성거흐

비싸요, 좀 깎아주세요.
үнэтэй байна, жоохон үнээ буулгаж өгөөч.
운테 밴 쩌-헝 우네 보-올가찌 우거-치

비오는 날씨 цаг агаар бороотой
착 아가-르 버러-터

비즈니스 관계를 맺다 бизнесийн холбоо тогтоох
비즈네시-잉 헐버- 턱터-흐

비행기 онгоц 엉거츠

비행기 편 онгоцны чиглэл 엉거츠니 치글렐

빈 공간 хоосон орон зай 허-성 어렁 재

빈곤한 ядуу 야또-

빈혈 цус багадалт 초쓰 박달트

빌다 гуйх, шалгаах 고이흐, 샬가-흐

빌딩 байшин 배싱

빌려주다 зээлдүүлэх 제-엘두-울레흐

빌리다 зээлэх 제-엘레흐

빗 сам 삼

빗자루 шүүр 슈-르

빛 гэрэл, туяа 게렐, 토야

비행기 표는 샀어요?
онгоцны билет худалдаж авсан уу?
엉거츠니 빌레트 호딸다찌 압스노-

비행기멀미 онгоцонд суухаар дотор муухайрах
엉거천드 소-하-르 더터르 모해라흐

빌려주신다면 정말 좋겠어요.
Зээлдүүлж өгнө гэвэл үнэхээр сайн байна.
제-엘루-찌 우근 게웰 운헤-르 생 밴

빙하가 녹다 мөсөн гол хайлах
무승 걸 하릴라흐

ㅂ

빛나는 눈 — гэрэлтэй нүд
게렐테 누드

빠르게 — хурдан
호르당

빠른 속도로 — хурдтайгаар
호르뜨태가-르

빠지다 — алдагдах
알닥다흐

빨간색 — улаан өнгө
울라-앙 웅그

빨랫줄 — хэц
헤츠

빨리 — хурдан
호르당

빨리와. — хурдан ир.
호르당 이르

빛이 충만한 — гэрэл гэгээ дүүрэн
게렐 게게- 두-렝

빠른 / 두 시간 빠른 — хоёр цагаар түрүүлэх
허여르 착아르 투룰레흐

빠를수록 좋다 — хурдан байх тусмаа сайн
호르당 배흐 토스마- 생

빨간 펜으로 밑줄 긋다 — Улаан балаар доогуур нь зурах
올라-앙 발라-르 더-고-른 조라흐

빨래가 안 말라요. — Угаасан хувцас хатахгүй байна
오가-상 홉차쓰 하타흐구이 밴

빨래를 널다 — угаасан хувцсаа дэлгэх
오가-상 홉차싸- 델게흐

빨래를 해서 널다 — угаагаад дэлгэх
오가-가-드 델게흐

빵	талх 탈라흐	뽑다	сугалах 소갈라흐
빼내다	сугалах 소갈라흐	뾰족한	шовх 쇼우흐
빼앗다	булаах 볼라-흐	삐다	булгалах 볼갈라흐
뺨	хацар 하차르	삐졌어.	гомдсон. 곰드성

빨리 회복하기를 바랍니다. — Хурдан эдгэрээрэй.
호르당 에뜨게레-레-

빵 잘라주세요. — Талх зүсэж өгөөч.
탈라흐 주쎄찌 우거-치

빼앗아 차지하다 — булаан эзэгнэх
볼라-앙 에제끄네흐

ㅂ

ㅅ

사(숫자) дөрөв
두릅

사거리 дөрвөн зам
두르븡 잠

사건 үйл явдал
우일 야우달

사격하다 буудлага
보-뜰락

사고 осол, аваар
어설, 아와-르

사공 завьчин
자위칭

사과(과일) алим
알림

사귀다 найзлах
내쯜라흐

사나운 догшин, зэрлэг
덕싱, 제를렉

사는 방식 амьдрах арга
암드라흐 아락

사다 худалдаж авах
호딸다찌 아와흐

사대양 дөрвөн далай
두르븡 달래

4 년 후에 다시 개최돼.
4 жилийн дараа дахиад нээгдэнэ.
두르븡 질리-잉 다라- 다햐드 네-끄든

사등(등수) дөрөвдүгээр байр
두릅두게-르 배르

사다 / 내가 이 식사 살께.
худалдаж авах/Би энэ хоолийг авч өгье.
호딸다찌 아와흐/비 엔 허-얼리-끄 아우치 우기

사람 хүн
훙

사랑 хайр
해르

사람들 хүмүүс
후므-쓰

사랑하다 хайртай
해르태

사라지다 арилах, алга болох
아릴라흐, 알락 벌러흐

사람들이 그러는데 이 영화 재미있데.
Хүмүүс энэ киног сонирхолтой гэж байна лээ.
후므-쓰 엔 키노그 서니르헐터 게찌 밴 레-

사람들이 말하기를 хүмүүсийн хэлэхээр
후므-씨-잉 헬레헤-르

사람들이 바글바글하네.
Хүмүүс их хөлхөлдөж байна шүү.
후므-쓰 이흐 훌훌드찌 밴 슈-

사람마다 다르다 хүн бүр өөр
훙 부르 어-르

사람마다 좋아하는 것은 다르다.
Хүн болгоны дуртай зүйл өөр.
훙 벌거니 도르태 주일 어-르

사람이 만든 хүний бүтээсэн/хийсэн
후니- 부테-승/히-승

사랑스러운(아기나 애인) хайр хүрэм/татам
해르 후렘/타탐

ㅅ

사랑해요	хайртай 해르태
사망	үхэл 우헬
사망하다	үхэх 우헤흐
사무실	ажлын өрөө 아질링 우러-
사물	эд зүйл 에드 주일
사방	дөрвөн тал 두르붕 탈
사별하다	үхэл хагацал 우헬 학찰
사실	үнэн 우넹

사랑스러운(어른에게) хайр хүрэм/татам
해르 후렘/타탐

사랑에 빠지다 хайранд умбах
해란드 옴바흐

사무실에서 그 문제에 대해 논의 하죠.
Ажлын өрөөнд тэр асуудлыг ярилцая.
아질링 우러-언드 테르 아소-뜰리그 야릴치

사생활을 존중하다 хувийн амьдралыг хүндлэх
호위-잉 암드랄리끄 훈들레흐

사생활을 캐묻다
хувийн амьдралын талаар ухаж асуух
호위-잉 암드랄링 탈라-르 오하찌 아소-흐

사실을 말하다 үнэнийг хэлэх
우네니-끄 헬레흐

사십 дөч
두치

사업하다 бизнес эрхэлэх
비지네스 에르헬레흐

사용법 хэрэглэх заавар
헤렉레흐 자-와르

사용자 хэрэглэгч
헤렉렉치

사용하다 хэрэглэх
헤렉레흐

사용하지 않다 хэрэглэхгүй
헤렉레흐구이

사원(사람) ажилтан
아질탕

사원(절) сүм хийд
숨 히-드

사월 дөрөвдүгээр сар
두릅두게-르 사르

사위 хүргэн
후르겡

사육하다 тэжээх
테제-흐

사이에 хоорон
허-런드

사자(동물) арслан
아르슬랑

사장 захирал
자히랄

사실적인 бодитоор дүрсэлсэн
버띠터-르 두르셀승

사업이 번창하다 бизнес хөгжих
비지네스 욱지흐

사용안내 хэрэглэх зааврын талаарх тайлбар
헤렉레흐 자-우링 탈라-르흐 탤바르

사장님께 허락받다 захирлаас зөвшөөрөл авах
자히를라-쓰 줍슈-를 아와흐

ㅅ

사전	толь бичиг 털 비칙	사찰	шалган хянах 샬강 햐나흐
사직하다	эхлэх 에흘레흐	사탕	чихэр 치헤르
사진 한장	нэг хувь зураг 넥 호위 조락	사탕 드세요	чихэр ид 치헤르 이드
사진을 찍다	зураг дарах 조락 다라흐	사투리	нутгийн аялгуу 노트기-잉 아얄고-

사진 3×4사이즈 한 장 3×4 хэмжээтэй зураг нэг
고랍 두룹잉 헴제테 조락 넥

사진 한 장씩 인쇄해 주세요.
Зургийг нэг нэгээр нь хэвлээд өгөөрэй.
조르기-끄 넥 네게-른 헤블레-드 우거-레

사진기를 준비할게요. Зургийн аппаратаа бэлдэе.
조그기-잉 아파라타- 벨디

사진을 찍어서 기념으로 남기자.
Зураг авхуулаад дурсгал болгож үлдээе.
조락 아호-올라-드 도르스갈 벌거찌 울데이

사진촬영금지 зураг авахыг хориглоно
조락 아와히그 허리그른

사학자 түүхийн ухааны эрдэмтэн
투-히-잉 오하-니 에르뎀텡

사학 түүхийн ухаан
투-히-잉 오하-앙

사회 нийгэм
니-겜

삭제하다 устгах
오쓰트가흐

산 уул
오-올

산 정상 уулын оргил
오-올링 어르길

산림 уулийн ой
오-올리-잉 어이

산맥 уул нуруу
오-올 노로-

산모 төрөх дөхсөн эх
투르흐 두흐승 에흐

산업 аж үйлдвэр
아즈 우일드웨르

산책하다 салхилах
살리흘라흐

산파 эх баригч
에흐 바릭츠

살/30살 нас гучин настай
나스/고칭 나스태

살구 чангаанз
창가-안즈

살다 амьдрах
앰드라흐

사회경험이 없을 거예요.
Нийгмийн туршлага байхгүй.
니-그미-잉 토르쉬락 배흐구이

산부인과 эх барих эмэгтэйчүүдийн тасаг
에흐 바리흐 에멕테추-디-잉 타싹

산출량 үйлдвэрлэлийн хэмжээ
우일드웨르렐리-잉 헴제-

살이 많이 찐 것 같아.
Их жин нэмсэн юм шиг байна.
이흐 징 헴셍 윰 식 밴

ㅅ

살인	аллага 알락	
살찌다	таргалах 타르갈라흐	
삶	амьдрал 앰드랄	
삶은 계란	чанасан өндөг 찬상 운득	
삼(숫자)	гурав 고랍	
삼십	гуч 고치	
삼월	гуравдугаар сар 고랍도가-르 사르	
삼일	гурван өдөр 고르왕 우드르	
삼촌	авга ах 아왁 아흐	
상(우승)	дээд, дээр 데-드, 데-르	
상관없이	хамааралгүй 하마-랄구이	
상담	зөвлөмж 주블름지	
상담하다	зөвлөгөө өгөх 주블르거- 우그흐	
상당하는(금액)	тэнцэхүйц 텐체후이츠	
삶은 고구마	чанасан амтат төмс 찬상 암타트 툼쓰	
삶의 태도	амьдралын хэв маяг 앰드랄링 헵 마약	
삼거리	гурван замын уулзвар 고르왕 자밍 오-올즈와르	
상대선수	эсрэг талын тамирчин 에스렉 탈링 타미르칭	

상당히	нэлээд 넬레-드	상영하다	кино үзүүлбэр 키노 우주-을베르
상대적인	харьцангуй 하르창고이	상용하다	байнга хэрэглэх 밴가 헤렉레흐
상상하다	төсөөлөх 투스-울르흐	상을 타다	шагнал авах 샤그날 아와흐
상세히	нэг бүрчлэн 넥 부르칠렝	상의(옷)	хүрэм, пальто 후렘, 팔터

상품의(고급) — дээд зэрэглэлийн бараа
데-드 제렉렐리-잉 바라-

상반신을 찍다 — цээж зураг авах
체-지 조락 아와흐

상사병 — санаж бэтгэрэх өвчин
사나찌 벨트게레흐 웁칭

상업채권 — бизнесийн авлага
비지네시-잉 아울락

상응하다 — харилцан нийцэх
하릴창 니-체흐

상자 / 맥주 1 상자 — хайрцаг/пиво нэг хайрцаг
해르착/피버 넥 해르착

상자처럼 생겼어 — хайрцаг шиг царайтай
해르착 식 차래태

ㅅ

상징하다 бэлэгдэх
벨렉데흐

상처 шарх
샤르흐

상처를 받다 шарх авах
샤르흐 아와흐

상태 байр байдал
배르 배딸

상품 шагнал
샤그날

상품을 팔다 бараа зарах
바라-자라흐

상형문자 дүрс бичиг
두르스 비칙

상황 нөхцөл байдал
누흐출 배딸

새 단어 шинэ үг
신 욱

새(동물) шувуу
쇼보-

상점은 아침 8시에 문을 연다.
Дэлгүүр өглөө найман цагт хаалгаа нээнэ.
델구-르 우글러- 내망 착트 하-알가- 네-엔

상점은 저녁 9시에 문을 닫는다.
Дэлгүүр орой есөн цагт хаалгаа барина.
델구-를 어러- 유승 착트 하-알가- 바린

상품목록을 덧붙이다 барааны жагсаалт нэмэх
바라-니 작살-트 네메흐

상품을 진열하다 бараа дэлгэх
바라- 델게흐

상호간에 харилцан хоорондын
하릴창 허-런딩

새 것의	шинэ юм 신 윰	색깔	өнгө 웅그
새끼를 낳다	зулзагалах 졸자갈라흐	색소폰	сагсфон 삭스퐁
새롭다	шинэлэг 시넬렉	색종이	өнгийн цаас 웅기-잉 차-쓰
새벽	үүр 우-르	샐러드	салад 살라드
새우	сам хорхой 삼 허르허-	샘플	загвар 자그와르
새콤달콤한	нялуун 냘롱-	생각	бодол 버떨
새해	шинэ жил 신 질	생각나다	санаанд орох 사나-안드 어러흐

새 집으로 이사하다 шинэ байрлуу нүүх
신 배를로- 누-흐

새해 복 많이 받으세요. Шинэ оны мэнд дэвшүүлье.
신 어니 멘드 뎁슈-울리

색은 예쁜데 좀 크네.
Гоё өнгөтэй боловч жоохон том байна.
고이 웅그테 벌럽치 쩌-헝 텀 밴

샘플을 보여주세요. Загварыг нь үзүүлж өгөөч.
자그와리끈 우주-울찌 우거-치

ㅅ

생각하다 бодох
버떠흐

생강 бодол
버떨

생각해 볼게요. бодож үзье.
버떠찌 우지

생리 сарын тэмдэг
사링 템텍

생각보다 무겁네요. Санаснаас хүнд байна ш??.
사나쓰나-쓰 훈드 밴 슈-

생각보다 비싸다고요?
Санасныг бодоход үнэтэй гэнээ?
사나쓰니끄 버떠허드 운테 게네-

생각이 있어요? 없어요?
Санаа байна уу? Байхгүй юу?
사나- 배노-? 배흐구이 요-?

생각지도 않게 санаанд ормооргүй
사나-안드 어르머-르구이

생각할 시간이 필요해. Бодох цаг хэрэгтэй.
버떠흐 착 헤렉테

생계를 위해 일한다.
Амин зуулгынхаа төлөө ажил хийх.
아밍 조-올깅하- 툴러- 아질 히-흐

생계비를 번다. Амин зуулгынхаа мөнгийг олох.
아밍 조-올깅하- 뭉기-그 얼러흐

생과일주스 шинэ жимсний жүүс
신 짐스니- 쥬-스

생맥주 задгай пиво
자뜨개 피워

생명을 구하다 амь аврах
암 아우라흐

생물 амьд бие
암드 비예

생방송 шууд нэвтрүүлэг
쇼-뜨 넵트루-울렉

생산물 бүтээгдэхүүн
부테-엑데후-웅

생산성 бүтээмж
부테-엠지

생산 үйлдвэрлэл
우일드웨를렐

생수 булгийн цэвэр ус
볼기-잉 체웨르 오쓰

생일 төрсөн өдөр
투승 우드르

생태계 экосистем
에코시스템

생활 амьдрал
암드랄

샤워기 шүршүүр
슈르슈-르

생리용품 ариун цэврийн бүтээгдэхүүн
아리옹 체웨리-잉 부테-엑데후-웅

생방송하다 шууд нэвтрүүлэх
쇼-뜨 넵트루-울레흐

생일 케이크 төрсөн өдрийн тоорт
투승 우드리-잉 터-르트

생일카드를 그녀에게 드리려고요. төрсөн өдрийн
투승 우드리-잉
карт тэр эмэгтэйд өгөх гэсэн юм.
카르트 테르 에멕테드 우그흐 게쓴 윰

ㅅ

샴푸	шампунь 샴푼
서늘한	сэрүүн 세루-웅
서두르다	яарах 야라흐
서로	хоорондоо 허-런더-

생활(방식) амьдралын хэв маяг
암드랄링 헵 마야끄

생활이 점점 우울해져요.
Амьдрал бага багаар гунигтай болсон.
암드랄 박 바가-르 고닉태 벌성

서기장 нарийн бичгийн дарга
나리-잉 비치기-잉 다락

서로 같은 хоорондоо ижил
허-런더- 이질

서로 다른 хоорондоо өөр
허-런더- 어-르

서로 밀착된 хоорондоо нягт
허-런더- 냑트

서로 부딪히다 хоорондоо мөргөлдөх
허-런더- 무르굴드흐

서로 섞다 хооронд нь холих
허-런든 헐리흐

서로 싸우다 хоорондоо муудалцах
허-런더- 모-딸차흐

서로 서로 хоор хоорондоо
허-르 허-런더-

서류 бичиг баримт
비칙 바림트

서명 гарын үсэг
가링 우섹

서민의 ард
아르드

서비스하다 үйлчлэх
우일칠레흐

서빙하다 үйлчлэх
우일칠레흐

서술하다 дүрслэх
두르슬레흐

서양의 баруун ы
바로-니

서점 номын дэлгүүр
너밍 델구-르

서커스 цирк
치르크

서행 удаан явах
오다-앙 야와흐

석사 магистр
마기스트르

석유 нефть
네프트

선글라스 нарны шил
나르니 실

서로 아세요? бие биенээ таних уу?
비 비네- 타니호-

서비스(전자제품 등) үйлчилгээ
우일칠게-

서비스가 엉망이다 муу үйлчилгээтэй
모- 우일칠게-테

서비스요금 үйлчилгээний төлбөр
우일칠게-니- 툴부르

ㅅ

선물	бэлэг 벨렉	
선물하다	бэлэглэх 벨렉레흐	
선반	тавиур 타비오르	
선발팀	шигшээ баг 식쉐- 박	
선생님	багш 박시	
선수	тамирчин 타미르칭	
선을 긋다	зураас татах 조라-쓰 타타흐	
선조	өвөг дээдэс 우웩 데-데흐	
선진적이다	хөгжингүй 훅진구이	
선착순	түрүүлж очих 투루-울찌 어치흐	
선출하다	сонголт 성걸트	
선크림	нарны тос 나르니 터쓰	

선글라스를 쓰다　нарны шил зүүх
나르니 실 주-흐

선물을 살 수가 없다 .
Бэлэг худалдаж авах аргагүй байна.
벨렉 호딸다찌 아와흐 아락구이 밴

선물하고 싶었어요.　Бэлэг өгмөөр санагдаад.
벨렉 우그무-르 사낙다-드

선착순으로 티셔츠를 준다.
Түрүүлж ирсэнд нь фудболк өгнө
투루-울찌 이르슨든 포뜨벌크 우근

선택하다 сонгох 성거흐

설명하다 тайлбарлах 탤바를라흐

선풍기 сэнс 센쓰

설사 гүйлгэх 구일게흐

설(음력) цагаан сар 차가-앙 사르

설사약 гэдэсний эм 게떼스니- 엠

설립하다 байгуулах 배고-올라흐

설사하다 гэдэс суулгах 게떼스 소-올가흐

설명서 тайлбар бичиг 탤바르 비칙

설익은 түүхий 투-히-

선크림을 계속 바르다 нарны тос байнга түрхэх 나르니 터쓰 밴가 투르헤흐

선크림을 바르다 нарны тос түрхэх 나르니 터스 투르헤흐

설 쇠러 고향에 가?
Цагаан сараар нутагруугаа явах уу?
차가-앙 사라-르 노탁로-가- 야호-

설날음식 цагаан сарын идээ будаа 차가-앙 사링 이데- 보따-

설을 재미있게 지냈어요?
Цагаан сараа сайхан өнгөрөөсөн үү?
차가-앙 사라- 새항 웅그룰스누-

ㅅ

설치하다	байгуулах 배고-올라흐	성격	зан ааш 장 아-쉬
설탕	элсэн чихэр 엘승 치헤르	성냥	шүдэнз 슈덴즈
섬	арал 아랄	성립하다	батлуулах 바틀로-올라흐
성 잘 내는	сайн ууралдаг 생 오-랄닥	성장하다	өсөх 우쓰흐
성(이름)	овог 어웍	성적	дүн 둥

설탕이든	элсэн чихэр ч юмуу 엘승 치헤르 치 유모-
성격이 발랄하고 좋은	сэргэлэн зантай 세르겔렝 잔태
성공하다	амжилтанд хүрэх 암질탄드 후레흐
성공하시기를 바랄게요.	Амжилт хүсье. 암질트 후쓰이
성교하다	бэлгийн харилцаа 벨기-잉 하릴차-

성은 박 입니다. 이름은 민수입니다.
Овог нь Пак. Нэр нь Мин Сү.
어웍 은 박, 네른 민수

성질 төрөлхийн зан
투룰히-잉 장

성탄절 Христмас
히리스트마스

세 번째 гурав дахь удаа
고랍 다흐 오따-

세 시간 гурван цаг
고르왕 착

세게 때리다 хүчтэй цохих
후치테 처히흐

세계 дэлхий
델히-

세계에서 дэлхийд
델히-드

세관 гааль
가-알

세금 гаалийн татвар
가-알리-잉 타트와르

세기 зуун
조-옹

성함을 알려주시겠어요? Овог нэрээ хэлэхгүй юу?
우웍 네레- 헬레흐구이 요

성형수술 гоо сайхны мэс засал
고- 새흐니 메스 자쌀

세관신고 гаалийн мэдүүлэг
가-알리-잉 메두-울렉

세권 주세요. Гурвыг өгнө үү.
고르위그 우그누-

세금을 내다 гаалийн татвар төлөх
가-알리-잉 타트와르 툴루흐

세를 주다 байрны мөнгөө өгөх
베르니 뭉거- 우구흐

ㅅ

세다	тоолох 터-얼러흐
세달	гурван сар 고르왕 사르
세대	цаг үе 착 우이
세미나	семнар 세미나르
세배	гурав дахин 고랍 다힝
세일(할인판매)	хямдрал 햠드랄
세탁기	угаалгын машин 오가-알라깅 마싱
세탁세제	угаалгын нунтаг 오가-알라깅 논탁
세탁소	угаалгын газар 오가-알라깅 가자르
세탁하다	угаах 오가-흐
세포	эс 에쓰
셋	гурав 고랍
소	үхэр 우헤르
소개하다	танилцуулах 타닐초-올라흐
소견	үзэл бодол 우젤 버떨
소고기	үхрийн мах 우흐리-잉 마흐
소극적인	идэвхигүй 이뎁히구이
소금	давс 다우쓰

세뱃돈 цагаан сараар хүүхдэд бэлэглэдэг мөнгө
차가-앙 사라-르 후-흗데드 벨레글레덱 뭉그

소개해 드릴게요. Танилцуулъя.
타닐초-올리

소나기 аадар бороо
아-다르 버러-

소득 орлого
어를럭

소득세 орлогын татвар
어를러깅 타트와르

소름끼치는 бие зарайх
비 자레흐

소리 дуу авиа, чимээ
도-아위야, 치메-

소리치다 хашгирах
하쉬기라흐

소멸하다 алга болох
알락 벌러흐

소변 шээс
쉐-스

소변보다 шээх
쉐-흐

소비자 хэрэглэгч
헤렉렉치

소비하다 хэрэглээ
헤렉레-

소식 мэдээ, сураг
메데-, 소락

소나기를 만나다 аадар бороонд цохиулах
아-다르 버러-언드 처히올라흐

소리를 듣다 дуу чимээ сонсох
도- 치메 선서흐

소매치기 халаасны хулгайч
할라-스니 홀가치

소매업하다 жижиглэн худалдаа хийх
찌찍렝 호딸다- 히-흐

소설 үргэлжилсэн үгийн зохиол
우르겔찔승 우기-잉 저혈

ㅅ

소식이 없는	сураггүй 소락구이
소원	хүсэл 후셀
소유	өмч эзэмшил 움치 에젬실
소포	илгээмж 일게-엠지
소화	хоол шингэлт 허-얼 싱겔트
속눈썹	сормус 서르모스

소송에서 이기다	шүүх хуралд дийлэх 슈-흐 호랄드 디-일레흐
소수민족	цөөн тоот үндэстэн 추-운 터-트 운데스텡
소아마비	хүүхдийн саа өвчин 후-훋디-잉 사- 웁칭
소음이 조금 있다.	жоохон шуугиантай. 쩌-헝 쇼-기안태
소파 어디에 둬요?	буйданг хаана тавих вэ? 보이당그 하-안 타비흐 웨
소프트웨어	программ хангамж 프러그람 한감지
소화불량	хоол шингэлт муу 허-얼 싱겔트 모-
소화에 좋다	хоол шингэлтэнд сайн 허-얼 싱겔텐드 생

속닥거리다	шивэгнэх 시웨그네흐
속담	зүйр цэцэн үг 주이르 체첸 욱
속도	хурд 호르드
속삭이다	шивэгнэх 시웨그네흐
속성으로	шинж чанар 신지 차나르
속어	хар бор үг 하르 버르 욱
속이다	хуурах 호-라흐
속하다	харъяалагдах 하리얄락다흐
손	гар 가르
손가락	хуруу 호로-
손가방	гарын цүнх 가링 충흐
손녀	ач охин 아치 어흥
손님	зочин 저칭
손등	гарын ар тал 가링 아르 탈
손목시계	бугуйн цаг 보고잉 착
손수건	нусны алчуур 노쓰니 알초-르

속도를 줄이다	хурдаа багасгах 호르따- 박스가흐
속이려하지 마.	Хуурах гэсний хэрэггүй. 호-라흐 게쓰니- 헤렉구이

손실 алдагдал
알닥달

손해 гарз
가르지

손을 올리다 гараа өргөх
가라- 우르그흐

손해를 보다 хохирох
허히러흐

손자 ач хүү
아치 후-

솔직한 илэн далангүй
일렝 달란구이

손잡이 бариул
바리올

솔질을 하다 сойздох
서이쯔더흐

손전등 дэнлүү
덴루

솜씨 좋은 ур чадвар сайн
오르 차드와르 생

손톱 гарын хумс
가링 홈쓰

송별회 үдэлтийн цуглаан
우델티-잉 초글라-앙

손톱깎이 хумсаа авах
홈싸- 아와흐

쇼윈도 шилэн хорго
실렝 허럭

손으로 누르다 гараараа дарах
가라-라- 다라흐

손을 흔들어 인사하다 гараа даллаж мэндлэх
가라- 달라찌 멘들레흐

손재주가 있는 гарын дүйтэй
가링 두이테

솔직히 말하자면 илэн далангүй ярьвал
일렝 달란구이 야리왈

쇼핑 юм худалдан авах
육 호딸당 아와흐

수건 алчуур
알초-르

수고비 ажлын хөлс
아질링 훌스

수공의 гар урлал
가르 오르랄

수군 тэнгисийн хүчин
텡기시-잉 후칭

수근거리다 шивэгнэх
시웨그네흐

수년 хэдэн жил
헤등 질

수다스러운 чалчаа
찰차-

수단 арга
아락

수도 нийслэл
니-스렐

수동의 гар ажиллагаа
가르 아질라가-

수량 тоо хэмжээ
터- 헴제-

수력 усны хүч
오쓰니 후치

수련 дадлага
다뜰락

송년회 шинэ жилийн үдэшлэг
신 질리-잉 우데쉴렉

송별회를 열다 үдэлтийн цуглаан/баяраа нээх
우텔티-잉 초글라-앙/바야라- 네-흐

송이 / 장미 3송이 ширхэг/сарнай гурван ширхэг
쉬르헥/ 사르내 고르왕 쉬르헥

수도요금 받으러 왔나요?
Усны төлбөр авахаар ирээ юу?
오쓰니 툴부르 아와하-르 이레- 요

ㅅ

수류탄	гранат 그라나트
수리하다	засвар хийх 자스와르 히-흐
수면	усны мандал 오쓰니 만달
수박	тарвас 타르와스
수백의	хэдэн зуун 헤등 조-옹
수상(직위)	тэргүүн сайд 테르구-웅 새뜨
수상해	этгээд хачин 에트게-드 하칭
수선하다	засвар 자스와르
수송하다	тээвэрлэх 테-웨를레흐
수수료	шимтгэл 심트겔
수술	мэс засал 메스 자쌀
수습하다	зохицуулах 저히초-올라흐
수신인	хүлээн авах хүн 훌레-엥 아와흐 훙
수십 여의	хэдэн арван 헤등 아르왕
수여하다	олгох 얼거흐
수영	сэлэлт 세렐트
수영장	усан бассейн 오쌍 바쎄잉
수요(필요)	эрэлт 에렐트

수속절차 — бүртгүүлэх дараалал
부르트구-울레흐 다라-랄

수영할 줄 알아요? — сэлж чадах уу?
셀찌 차뜨호-

수요일 лхагва гариг 하욱 가릭

수익을 만들다 ашиг хийх 아식 히-흐

수입 импорт 임포르트

수입세 импортын татвар 임포르팅 타트와르

수입품 импортын бараа 임포르팅 바라-

수입하다 импортлох 임포르틀러흐

수준 түвшин 툽싱

수집하다 цуглуулах 초글로-올라흐

수 천의 хэдэн мянган 헤등 미양강

수출세 экспортын татвар 엑스포르팅 타트와르

수출입 экспорт импорт 엑스포르트 임퍼르트

수출하다 экспортлох 엑스포르틀러흐

수탉 азарган тахиа 아자르강 타햐

수표 чек 체크

수학 математик 마테마틱

수학자 математикч 마테마틱치

수확하다 ургац хураах 오르가치 호라-흐

숙고하다 эрэгцүүлэх 에렉추-울레흐

수정액(사무용품) засварласан дүн 자스와를라상 둥

수첩 тэмдэглэлийн дэвтэр 템데글렐리-잉 뎁테르

숙련된 чадварлаг 차드와를락

숙모 авга бэргэн 아왁 베르겡

숙박하다 байрлах 배를라흐

숙제 даалгавар 다-알가와르

순서 дэс дугаар 데스 도가-르

순서대로 дэс дараагаар 데스 다라-가-르

순탄한 тэгшхэн 텍쉬흥

순회하다 аялах 아얄라흐

숟가락 халбага 할박

술 архи 아리흐

술 취한 архинд согтсон 아리흔드 석트성

술을 끊다 архинаас гарах 아리흐나-쓰 가라흐

술집 баар 바-르

숨기다 нуух 노-흐

숫자 тоо 터-

숲 ой 어이

수평선 далай, тэнгэрийн хаяа 달래, 텡게리-잉 하야

수험생 шалгалтанд бэлтгэж буй оюутан 샬갈탄드 벨트게찌 보이 어요탕

술 도수가 높아요. Архины градус өндөр. 아리흐니 그라도스 운드르

쉬운 амархан
아마르항

쉽게 믿는 амархан итгэдэг
아마르항 이트게덱

쉽다 амархан
아마르항

수퍼마켓 супер маркет
소페르 마르케트

스물(숫자) хорь
허르

스위치 унтраалага
온트라-알락

스케줄 хуваарь
호와-르

스키를 타다 цанаар гулгах
차나-르 골가흐

스키장 цаны н бааз
차닝 바-즈

스타(인물) од
어뜨

스타일 загвар
자그와르

스트레스 받다 стрест орох
스트레스트 어러흐

술 많이 먹지 마. Архи битгий их уу.
아리흐 비트기- 이흐 오-

술 잘하시네요. Архи сайн уудаг юм байна шүү.
아리흐 생 오-닥 윰 밴 슈

숨쉬기 어려운 амьсгаа авахад хэцүү
암스가- 아와하드 헤츄-

쉬다 / 잘 쉬었어? амрах/сайхан амарсан уу?
아므라흐/생 아마르스노-

쉽게 상하다 амархан мууддаг
아마르항 모-뜨닥

ㅅ

스페인어 Испани хэл
이스파니 헬

스포츠 спорт
스퍼르트

스포츠 신문 спорт сонин
스퍼르트 서닝

스프 шөл
슐

스프링 пүрш
푸르쉬

스피커 чанга яриур
창가 야리오르

슬퍼하지 마 битгий гуни
비트기- 고니

슬픈 гунигтай
고닉태

슬픔 гуниг
고닉

습관 зуршил
조르실

습도 чийгийн хэмжээ
치-기-잉 헴제-

승객 зорчигч
저르칙치

승리 ялалт
얄랄트

승리하다 ялах
얄라흐

승무원 үйлчлэгч
우일치렉치

승자 зорчигч
저르칙치

쉽죠? амархан байгаа биз?
아마르항 배가- 비즈

수퍼마켓에 자주 가. Супер маркет байнга явдаг.
소페르 마르케트 밴가 얍닥

스스로에게 өөрөө өөртөө
어-러- 어-르터-

시(도시) хот 허트

시(문학) шүлэг 슐렉

시(시간) цаг 착

시간 цаг 착

시간 / 한 시간 цаг/нэг цаг 착/넥 착

시간당 нэг цагийн, цагт 넥 차기-잉, 착트

시계 цаг 착

시계를 차다 цаг зүүх 착 주-흐

시기 завшаан 잡샤-앙

시끄러운 шуугиантай 쇼-기앙태

시내 хот 허트

시내중심 хотын төв 허팅 툽

시다 исэх 이쎄흐

시도 оролдлого 어럴들럭

시들다 гундах 곤다흐

시민 хотын иргэн 허팅 이르겡

습격당하다 дайралтанд өртөх 대랄탄드 우르투흐

습도가 높아서 힘들어. Их чийгтэй учраас хэцүү байна. 이흐 치-크테 오치라-쓰 헤추- 밴

시간경계선 цаг хугацаа хязгаарласан зураас 착 혹차- 햐즈가-를라상 조라-쓰

ㅅ

시샘하다	атаархах 아타–르하흐
시스템	систем 시스템

시간당 300km	цагт 300 километр 착트 고르왕 조–옹 킬로메트르
시간도 없고 바빠.	Цаг байхгүй, завгүй. 착 배흐구이, 자우구이
시간약속을 해 주세요.	Хэдэн цагт уулзахаа хэлж өгнө үү. 헤둥 착트 오–올자하– 헬찌 우그누–
시간을 낼 수가 없다.	Цаг гаргах боломжгүй. 착 가르가흐 벌럼지구이
시간을 약속하다	цаг товлох 착 터울러흐
시간을 절약하다	цаг хэмнэх 착 헴네흐
시간이 걸리다	цаг зарцуулах 착 자르초–올라흐
시간이 되다	боломжтой цаг 벌럼지터 착
시간이 오래 걸리다	цаг их зарцуулах 착 이흐 자르초–올라흐
시간이 정말 빠르다	цаг маш хурдан өнгөрөх 착 마쉬 호르당 웅그르흐

시아버지 хадам аав
하담 아-우

시어머니 хадам ээж
하담 에-찌

시원하다 сэрүүн
세루-웅

시원한 сэрүүн
세루-웅

시월 арав дугаар сар
아랍 도가-르 사르

시위하다 эсэргүүцэх
에세르구-체흐

시작하다 эхлэх
에흘레흐

시장 зах
자흐

시점 цаг мөч
착 무치

시청자 үзэгч
우젝치

시체 цогцос
척처쓰

시행하다 хэрэгжүүлэх
헤렉주-울레흐

시험 шалгалт
샬갈트

식량 хоол хүнс
허-얼 훈스

식사 хоол
허-얼

식사하다 хооллох
허-얼러흐

식용유 ургамалын тос
오르감알링- 터쓰

식중독 хоолны хордлого
허-얼르니 허르뜰럭

식초 цагаан цуу
차가-앙 초-

식탁 хоолны ширээ
허-얼르니 시레-

시장에 자주 가세요? Зах байнга явдаг уу?
자흐 뱅가 얍다고-

신(종교)	бурхан 보르항	신고	мэдэгдэл 메떽델
신경 쓰다	анхаарах 앙하-라흐	신고서	мэдэгдэх хуудас 메떽데흐 호-따스

시키지 마세요.	битгий захиалраарай. 비트기- 자할라-래
시험 문제	шалгалтын материал 샬갈팅 마테리알
시험 봤어요?	Шалгалт өгсөн үү? 샬갈트 욱스누-
시험 결과가 어때요?	Шалгалтын хариу ямар гарч? 샬갈팅 하리오 야마르 가르치
시험삼아하다	болохнуу үгүй юу үзэх 벌러흐노- 우구이 요- 우제흐
시험에 떨어지다	шалгалтанд унах 샬갈탄드 오나흐
시험지	шалгалтын цаас 샬갈팅 차-쓰
식당	цайны газар 채니 가자르
식당칸	цайны газрын хэсэг 채니 가자링 헤섹

신랑 хүргэн
후르겡

신랑측 хүргэний тал
후르게니- 탈

신뢰하다 итгэл найдлага
이트겔 내뜰락

신문 сонин
서닝

신발 гутал
고탈

신발을 신다 гутал өмсөх
고탈 움스흐

신병 өвчин зовиур
웁칭 저위오르

신부측 бэрийн тал
베리-잉 탈

신부(결혼) бэр
베르

신비 ер бусын
예르 보씽

신사(남자) ноён
노잉

신선하다 шинэхэн
시네헹

식이요법하다 хоолны нарийн дэглэм хийх
허-얼르니 나리-잉 데글렘 히-흐

식품 хоол хүнсний бүтээгдэхүүн
허-얼 훈스니- 부텍데후-웅

신경 쓰지 않다 анхаарал хандуулсны хэрэггүй
앙하-랄 한도-올스니 헤렉구이

신경쓰지 마. битгий санаа зов.
비트기- 사나- 접

신고서를 작성하셨나요?
Мэдэгдэх хуудас бөглөсөн үү?
메떽데흐 호-따스 부글스누-

ㅅ

신앙 шүтлэг
슈틀렉

신용 итгэл найдвар
이트겔 내뜨와르

신용카드 кредит карт
크레디트 카르트

신중한 няхуур
냐호-르

신청서 өргөдөл
우르구들

신형이다 шинэ загвар
신 자그와르

신호 дохио
더혀

신호등 гэрлэн дохио
게를렝 더혀

신혼 шинэхэн гэрлэсэн
시네헹 게를레승

실 юм оёдог утас
윰 어여덕 오타쓰

실례합니다 ёс алдах
여쓰 알다흐

실망이다 урам хугарах
오람 호가라흐

신고서를 작성해 주세요.
Мэдэгдэх хуудас бөглөж өгнө үү.
메떽데흐 호-따스 부글찌 우그누-

신문을 보면 알게 될 거예요.
Сонин үзвэл мэдэх болно.
서닝 우즈웰 메데흐 벌른

신물이 넘어오다 бөөлжис хүрэх
부-을찌스 후레흐

신용장 магадлан итгэмжлэх
마가뜰랑 이트겜질레흐

실무자	ажил гүйцэтгэгч	아질 구이체트겍치
실물	бодит биет	버띠트 비트
실수	алдаа	알다-
실수하다	алдах	알다흐
실습하다	дадлага хийх	다뜰락 히-흐
실시하다	гүйцэтгэх	구이체트게흐
실장(지위)	хэсгийн дарга	헤쓰기-잉 다락
실제가격	бодит үнэ	버띠트 운
실제로	бодитоор	버띠터-르
실제수입	бодит орлого	버띠트 어를럭
실제의	бодит	버띠트
실직하다	ажилгүй болох	아질구이 벌러흐
실크	торго	터럭
실패하다	бүтэлгүйтэх	부텔구이테흐
실행하다	хэрэгжүүлэх	헤렉주-울레흐
싫어하다	дургүй	도르구이
심다	суулгах	소-올가흐
심리	сэтгэлзүй	세트겔주이
심리학	сэтгэл судлал	세트겔 소뜰랄
심장	зүрх	주르흐
신하가 되다	түшмэл болох	투쉬멜 벌러흐

ㅅ

심장병 зүрхний үвчин
주르흐니- 웁칭

심판(경기) шүүгч
슈-욱치

십 억(숫자) тэр бум
테르 봄

십이(숫자) арван хоёр
아르왕 허여르

십일(숫자) арван нэг
아르왕 넥

싱겁다 давсгүй
다우쓰구이

싱글룸 нэг өрөө
넥 우러-

싱싱한 шинэхэн
시네헹

싸다 боох
버-흐

싸우다(논쟁) хэрэлдэх
헤렐데흐

싸우다(불화) муудалцах
모-딸차흐

싸우다(투쟁) зодолдох
저떨더흐

쌀 будаа
보따-

쌀을 씻다 будаа угаах
보따- 오가-흐

실제로 있었던 일 бодитоор болсон явдал
버띠터-르 벌성 야우달

실크를 생산하다 торго үйлдвэрлэх
터럭 우일드웨를레흐

싫음 말고 Дургүй байгаа бол боль
도르구이 배가- 벌 벌

십이월 арван хоёрдугаар сар
아르왕 허여르도가-르 사르

쌍꺼풀 нүдний давхраа
누드니- 답하라-

쌍둥이의 ихэр хүн
이헤르 훙

썩다(이)шүд хорхой идэх
슈드 허르허 이데흐

쏟다 асгах
아쓰가흐

쓰다(글씨) бичих
비치흐

쓰다(기록) тэмдэглэх
뎀덱레흐

쓰다(맛) исгэлэн
이스겔렝

쓰레기통 хогийн сав
허기-잉 삽

쓸모없는 хэрэггүй
헤렉구이

씨름하다 бөх барилдах
부흐 바릴다흐

씹다 зажлах
자찔라흐

씻다 угаах
오가-흐

십일월 арван нэгдүгээр сар
아르왕 넥두게-르 사르

싸 주세요. Боогоод өгнө үү.
버-거-드 우그누-

쌍 / 완벽한 한 쌍 хос/бүрэн төгс нэг хос
허쓰/부렝 툭쓰 넥 허쓰

씹을 수 없다 зажлах аргагүй
자찔라흐 아락구이

ㅅ

ㅇ

아, 그렇군요. aa, тийм үү.
아-, 티-무-

아기 хүүхэд
후-헨

아내 эхнэр
에흐네르

아니(대답) үгүй
우구이

아닐 거야. үгүй байх.
우구이 배흐

아들 хүү
후-

아래 доор
더-르

아래층 доод давхар
더-드 답하르

아름다운 үзэсгэлэнтэй
우제스겔렝테

아마 магадгүй
마가뜨구이

아가씨 гэрлээгүй эмэгтэй
게를레-구이 에멕테

아깝잖아 버리지 마. Хайран юм битгий хая.
해랑 윰 비트기- 하야

아르바이트가다 цагийн ажилдаа явах
차기-잉 아질다- 야와흐

아랑곳 하지 않고 сонирхох хэрэггүй
서니르허흐 헤렉구이

아름다운 사람 үзэсгэлэнтэй хүн
우제스겔렝테 훙

아마도 магадгүй 마가뜨구이

아마추어 сонирхогч 서니르헉치

아마 25살 일걸요 магадгүй 25 настай байхаа 마가뜨구이 허링다왕 나스태 배하-

아마 그럴걸 магадгүй тэгэх байх 마가뜨구이 테게흐 배흐

아마 될 거야 магадгүй болох байх 마가뜨구이 벌러흐 배흐

아마 전화했어도 통화 못했을 거야.
Магадгүй залгасан ч ярьж чадахгүй байх байсан байх.
마가뜨구이 잘가상 치 야리찌 차다흐구이 배흐 배상 배흐

아무 때나 хаана ч хамаагүй 하-안 치 하마-구이

아무 뜻 없이 ямарч утга санаагүй, ямар ч санаагүй 야마르 치 오탁 사나-구이, 야마르 치 사나-구이

아무 말도 하지 마 юу ч битгий ярь 요- 치 비트기- 야리

아무 맛이 없어 ямарч амтгүй 야마르 치 암트구이

아무것도 몰라 юу ч мэдэхгүй 요- 치 메데흐구이

ㅇ

아무것도 아니야. юу ч биш.
요-치 비시

아빠 аав
아-우

아쉬워하다 харамсах
하람사흐

아시아 Ази
아지

아이 хүүхэд
후-흐뜨

아이를 낳다 хүүхэд гаргах
후-흐뜨 가르가흐

아이스녹차 мөстэй цай
무쓰테 채

아이스크림 зайрмаг
재르막

아무것도 변하지 않을 것이다. Юу ч өөрчлөгдөхгүй.
요-치 어-르칠룩드흐구이

아무데나 앉으세요. Хаана ч хамаагүй сууна уу.
하-안 치 하마-구이 소-노-

아이 돌보면서 일하는 건 너무 피곤하잖아.
Хүүхэд харангаа ажил хийхээр их ядардаг.
후-흐뜨 하랑가- 아질 히-헤-르 이흐 야따르닥

아이가 있어요? Хүүхэдтэй юу?
후-흐뜨테 요-

아저씨 авга ах, ах
아왁 아흐, 아흐

아주 맑을 거예요. Их цэлмэг байна.
이흐 첼멕 밴

아줌마, 뭘 좀 물어 볼게요. Эгч ээ, нэг юм асууя.
에그체- 넥 윰 아소이

아침에 өглөө 우글러-

아파 өвдөх 욷두흐

아직 길이 익숙지 않다.

Арайхан замандаа дасаагүй.
아래항 자만다- 다싸-구이

아직 대화해 본적이 없다. Арай ярьж үзээгүй.
아래 야리찌 우제-구이

아직 몽골에 대해 많이 이해하지 못해요.
Одоохонд монголын талаар сайн
어떠-헝더 멍걸링 탈라-르 생
мэдэхгүй байна.
메데흐구이

아직 안 골랐어요 арай сонгоогүй
아래 성거-구이

아직 안 먹다 арай идээгүй
아래 이데-구이

아직 익숙지 않다 арай дасаагүй
아래 다사-구이

아직도 배불러. Одоо хүртэл гэдэс цатгалан байна.
어떠- 후르텔 게데스 차트갈랑 밴

아침 6시부터 아침식사가 가능합니다. Өглөө
우글러-
зургаан цагт өглөөний цай уух боломжтой.
조르가-앙 착트 우글러-니- 채 오-흐 벌럼지터

아파트 байр
배르

아프다 өвдсөн
웁드승

아프리카 Африк
아프리카

아픔 өвдөлт
웁둘트

아침에 보통 뭘 먹어요? Өглөө голдуу юу иддэг вэ?
우글러 걸도- 요- 이드떼끄 웨

아침에 안개가 끼다 өглөө манан татна
우글러- 마난 타튼

아침을 먹다 өглөөний цай уух
우글러-니- 채 오-흐

아파서 밥을 못 먹겠어.
Өвдөөд өглөөний цай ууж чадахгүй.
웁두-드 우글러-니- 채 오-찌 차다흐구이

아파서 일찍 집에 가야해.
Өвдөөд байгаа учраас гэрлүүгээ эрт
웁두-드 배가- 오치라-쓰 게를루-게- 에르트
явах хэрэгтэй.
야와흐 헤렉테

아픈 게 나아졌나요?
Өвчин маань илаарших байна.
웁칭 마-안 일라-르시찌 밴

아픈지 얼마나 됐어요? Өвдөөд хэр удаж байна вэ?
웁두-드 헤르 오따찌 밴 웨

아홉 번째 ес дөх удаа
유스 두흐 오따-

아홉(숫자) ес
유스

악기 хөгжмийн зэмсэг
훅지미-잉 젬섹

악몽 хар дарсан зүүд
하르 다르상 주-드

ㅇ

악기를 치다 хөгжмийн зэмсэг дарах
훅지미-잉 젬섹 다라흐

악필이네요 Бичгийн хэв муу юм байна шүү.
비치기-잉 헵 모- 윰 밴 슈-

안 나갔어요? Гараагүй юм уу?
가라-구이 유모-

안 돼 비밀이야 얘기해 줄 수 없어.
Болохгүй нууц хэлж чадахгүй.
벌러흐구이 노-츠 헬찌 차다흐구이

안 만나다 / 나 안본지 꽤 됐잖아요.
уулзахгүй/Намайг харалгүй удсан биз дээ.
오-올자흐구이/나매끄 하랄구이 오뜨상 비즈 데-

안 먹으면 되지 뭐. Идэхгүй байвал болоо.
이데흐구이 배왈 벌러-

안 어울려 зохихгүй байна
저히흐구이 밴

안 어울려 사지마. Зохихгүй байна Битгий ав.
저히흐구이 밴 비트기- 아우

악수 гар барих
가르 바리흐

악어 матар
마타르

안 좋은 결과 муу үр дүн
모- 우르 둥

안 дотор
더터르

안개 манан
마낭

안개가 짙다 өтгөн манан
우트긍 마낭

안내소 лавлах
라우라흐

안내책자 тайлбар ном
탤바르 넘

안내하다 замчлах
잠칠라흐

안녕하세요. Сайн байна уу.
생 배노-

안경을 쓰다 нүдний шил зүүх
누드니- 실 주-흐

안과에 가다 нүдний тасагруу явах
누드니- 타싸그로- 야와흐

안녕 다시 만나. Баяртай. Дараа уулзъя.
바야르태 다라- 오-올지

안녕히 계세요 저는 가겠습니다.
Сайн сууж байгаарай. би явлаа.
생 소-찌 배가-래 비 야울라-

안녕히 계십시오. Сайн сууж байгаарай.
생 소-찌 배가-래

안약을 넣다 нүдний эм дусаах
누드니- 엠 도싸-흐

안 되다	Болохгүй 벌러흐구이
안락하다	ая тух 아야 토흐
안심하다	сэтгэл амар 세트겔 아마르
안에	дотор 더터르
안전	аюулгүй байдал 아욜구이 배딸
안쪽의	дотор тал 더터르 탈
안 타다	суухгүй 소-흐구이
앉다	суух 소-흐
앉을 자리	суух газар 소-흐 가자르
알게 하다	мэдэж авах 메떼찌 아와흐
알고 싶다	мэдмээр байна 메뜨메-르 밴
알레르기	алерги 알레르기

안정된 тогтвортой байдалтай
텍트워르터 배딸태

알 / 매일 2알씩 үрлэн эм/ өдөр бүр хоёр ширхэг
우르릉 엠/ 우드르 부르 허여르 쉬르헥

알다 / 잘 알겠어. мэднэ/сайн ойлголоо.
메뜬/생 어일걸러-

알아 맞혀 보세요. Таагаад үзнэ үү.
타-가-드 우즈누-

알아보다 / 나 알아보시겠어요?
таних/Намайг таниж байна уу?
타니흐/나매끄 타니찌 배노-

ㅇ

알려주다 мэдүүлж өгөх
메두-울찌 우그흐

알리다 мэдүүлэх
메두-울레흐

알아들었어요 Ойлголоо
어일걸러-

알약 үрэн эм
우렝 엠

알코올중독 архинд донтох
아르힌드 던터흐

암 хорт хавдар
허르트 합다르

암산하다 цээжээр бодох
체-제-르 버떠흐

암탉 эм тахиа
엠 타햐

앞쪽 урд тал
오르뜨 탈

앞치마 хормогч
허르먹치

애무 хайр энхрийлэл
해르 엥흐리-일렐

애석하다 харамсах
하람사흐

알았어, 알았어. Ойлголоо, ойлголоо.
어일걸러- 어일걸러-

알코올중독자 архинд донтогч
아르힌드 던턱치

압력을 넣다 шахалтанд оруулах
샤할탄드 어로-올라흐

앞 사무실 урд талын ажлын өрөө
오르뜨 탈링 아질링 우러-

애니메이션 хөдөлгөөнт дүрс
후뚤구-운트 두르스

애원하다 ихэд хүсэх
이헤드 후세흐

애인 хайртай хүн
해르태 훙

애정 халуун сэтгэл
할로-옹 세트겔

애호가 хорхойтон
허르허텅

액션 адал явдал
아달 얍달

앵두 интоор
인터-르

앵무새 тоть
터트

야구 бейсбол
베이스벌

야기하다 ярих
야리흐

야단맞다 загнуулах
자그노-올라흐

야박하네 хүйтэн цэвдэг
휘텡 첸덱

야생의 зэрлэг/байгалийн
제를레그/ 배갈링-

애착을 가지다 ижил дасал болох
이질 다쌀 벌러흐

액션영화 адал явдалтай кино
아달 얍달태 키노

약30분 걸려요. Яг 30 минут зарцуулдаг.
약 고칭 미노트 자르초-올닥

약간만 말 할 줄 알아요. Бага зэрэг ярьж мэднэ.
박 제렉 야리찌 메든

약국으로 가세요. Эмийн санруу явна уу.
에미-잉 상로- 야우노-

약	эм 엠
약(대략)	яг 약
약간	бага зэрэг 박 제렉
약국	эмийн сан 에미-잉 상
약도	бүдүүвч зураг 부뚭-치 조락
약사	эмийн санч 에미-잉 상치
약속	амлалт 암랄트
약속이 있어	болзоотой 벌저-터
약속하다	амлах 암라흐
약을 먹다	эм уух 엠 오-흐
약혼식을 하다	сүй тавих 수이 타위흐
얄미워	зэвүү хүрэх 제부- 후레흐
얇은	нимгэн 님긍
얇은 종이	нимгэн цаас 님긍 차-쓰
양념	хоол амтлагч 허-얼 암틀락치
양념장	цуу 초-
양력	аргын тоолол 아르깅 터-얼럴
양말	оймс 엄쓰
양말을 신다	оймс өмсөх 엄쓰 움스흐
양배추	байцаа 배차-
약속을 지키다	амлалтандаа хүрэх 암랄탄다- 후레흐

양복	костюм 커스튬	양초	лаа 라–
양성하다	төлөвшүүлэх 툴룹슈–울레흐	양파	сонгин 성깅
양식	хэв маяг 헵 먁	양해하다	ухаж ойлгох 오하찌 어일거흐
양심	хүний мөс 후니– 무스	얘기해줘.	Хэлж өг. 헬찌 욱
양쪽	хоёр тал 허여르 탈	어감	ярианы өнгө 야랴니 웅그

양식(식량) хүнс хоол тэжээл
훈스 허–얼 테제–엘

얘기 할게 있어요. Хэлэх зүйл байна.
헬레흐 주일 밴

얘기해 줄 수 없어. Хэлэх боломжгүй.
헬레흐 벌럼찌구이

어느 곳이나 хаана ч хамаагүй
하–안 치 하마–구이

어느 나라 사람입니까? Аль улсын иргэн бэ?
알 올씽 이르긍 베

어느 나라 제품 이예요?
Аль улсын бүтээгдэхүүн бэ?
알 올씽 부텍–데후–웅 베

어깨	мөр 무르
어느	аль 알
어느 것	аль юм 알 윰
어느 나라에서	аль улсаас 알 올싸-스
어느 날	аль өдөр 알 우드르
어느 언니요?	аль эгч? 알 에그치

어느 종목에서
аль нэр төрлөөс
알 네르 투를러-쓰

어느 종목에서 금메달을 땄어?
Аль төрлөөс алтан медаль авсан бэ?
알 투를러-쓰 알탕 메달 압승 베

어느 지역을 가면 좋은지 조언 좀 해 주세요.
Аль газарлуу явсан дээр болохыг зөвлөж өгнө үү.
알 가자르로- 얍승 데-르 벌러히끄 주블르찌 우그누-

어느 지역을 방문하셨어요?
Аль газраар зочилсон бэ?
알 가즈라-르 저칠성 베

어느 팀이 이겼어?
Аль баг хожсон бэ?
알 박 허찌성 베

어느 호텔이 제일 커요?
Аль зочид буудал нь хамгийн том бэ?
알 저치드 보-딸 은 함기-잉 텀 베

어디 둬요?
Хаана тавих вэ?
하-안 타위흐 웨

어느 정도까지 аль хүртэл
알 후르텔

어느 팀 аль баг
알 박

어디 머물 거예요? Хаана буудаллах вэ?
하-안 보-딸라흐 웨

어디 약속 있어? Хаана болзоотой вэ?
하-안 벌저-터 웨

어디다 뒀더라 잃어버렸나?
Хаана тавьчихлаа Хаячихсан юм бол уу?
하-안 타위치흘라- 하야치흐상 윰 벌로-

어디를 가든지 비옷을 가지고 다녀야해요.
Хаашаа ч явсан борооны хувцасаа авч
하-샤- 치 얍상 버러-니 홉차싸- 압치
явах хэрэгтэй.
야와흐 헤렉테

어디서 배웠어요? Хаанаас сурсан бэ?
하-나-쓰 소르승 베

어디서 사야하는지 모르겠어.
Хаана зогсохоо мэдэхгүй байна.
하-안 적서허- 메데흐구이 밴

어디서 살 수 있어요? Хаана амьдарж болох вэ?
하-안 앰다르찌 벌러흐 웨

어디서 샀는지 물어볼게.
Хаана амьдардаг болохыг нь асууна.
하-안 앰다르닥 벌러히끈 아소-온

어두운	харанхуй 하랑호이
어디	хаана 하-안

어디서 일하세요? Хаана ажилдаг вэ?
하-안 아질닥 웨

어디에 가세요? Хаашаа явж байна вэ?
하-샤- 얍찌 밴 웨

어디에 쓰는 거야? Хаана бичих вэ?
하-안 비치흐 웨

어디에서 돌아오는 거예요? Хаанаас буцаж ирэх вэ?
하-나-쓰 보차찌 이레흐 웨

어때? 예뻐? Ямар байна? Хөөрхөн байна уу?
야마르 밴 후-르흥 배노-

어떤 것들이 면세가 되나요?
Ямар юмс нь татвараас чөлөөлөгдөх вэ?
야마르 윰쓴 타트와라-쓰 출루-룩드흐 웨

어떤 게 더 키가 커요? Аль нь өндөр вэ?
알 은 운드르 웨

어떤 게 더 편하게 갈까?
Юугаар явбал илүү амар вэ?
요가-르 얍발 일루- 아마르 웨

어떤 운동을 하세요?
Ямар спортоор хичээлэлдэг вэ?
야마르 스퍼르터-르 히체-엘렐덱 웨

어떤 음악 좋아해요? Ямар дуунд дуртай вэ?
야마르 도-온드 도르태 웨

어떤 종류의 물건이 있는지 모릅니다.
Ямар төрлийн юм байгааг мэдэхгүй.
야마르 투를리-잉 윰 배가-끄 메데흐구이

어떤 종류의 책이에요? Ямар төрлийн ном бэ?
야마르 투를리-잉 넘 베

어떤 호텔이 가장 화려한가요?
Ямар зочид буудал хамгийн гоё вэ?
야마르 저치드 보-딸 함기-잉 고이 웨

어떤지 좀 보다 Ямар болохыг харах
야마르 벌러히끄 하라흐

어떻게 구분해요? Яаж ялгах вэ?
야찌 얄가흐 웨

어떻게 나를 속여?
Яаж намайг хуурч чадаж байна аа?
야찌 나매끄 호-르치 차다찌 배나-

어떻게 된 거예요? Юу болсон бэ?
요- 벌성 베

어떻게 먹는 거예요? Яаж иддэг юм бэ?
야찌 이드덱 윰 베

어떻게 생각해요? Юу гэж бодож байна?
요- 게찌 버떠찌 밴

ㅇ

어디 가다	хаашаа явах 하-샤- 야와흐	어려운 시기	хүнд үе 훈드 우이
어때?	Ямар байна? 야마르 밴	어렵지 않다	хүнд биш 훈드 비쉬
어떤 것?	Ямар юм? 야마르 윰	어르신	настан 나스탕
어떻게	Яаж 야찌	어른	ахмад хүн 아흐마드 훙
어떻게 하지?	Яанаа? 야나-	어리둥절한	мэлрэх 멜레흐
어려운	хүнд 훈드	어리석은	мунхаг 몽학

어떻게 생겼어? Ямар царайтай вэ?
야마르 차래태 웨

어떻게 쓰는 거야? Яаж бичдэг вэ?
야찌 비치덱 웨

어떻게 알았어요? Яаж мэдсэн бэ?
야찌 메뜨승 베

어리다 / 두 살 어리다. дүү, залуу/Хоёр насаар дүү.
두-, 잘로-/허여르 나싸-르 두-

어선 загас агнуурын онгоц
자가쓰 아그노-링 엉거츠

어린 бага балчир
박 발치르

어린이 хүүхэд
후-흐뜨

어릿광대 залуу циркчид
잘로- 치르크치드

어울리다 нийлэх
니-일레흐

어제 өчигдөр
우칙드르

어제 저녁 өчигдөр орой
우칙드르 어러

어젯밤 өчигдөр шөнө
우칙드르 슌

어찌됐건 Ядагч байсан
야닥치 배상

어우, 너무 달아. Аа ии, их нялуун байна.
아 이, 이흐 날로-옹 밴

어젯밤에 분명하게 말했잖아요.
Өчигдөр шөнө тодорхой хэлсэн биз дээ.
우칙드르 슌 터떠르허 헬승 비즈 데-

어젯밤에 잘 잤어요?
Өчигдөр сайн унтаж амарсан уу?
우칙드르 생 온타찌 아마르스노-

어쩌다 그렇게 됐니? Яаж байгаад иим болчихов?
야찌 배가-드 이-임 벌치헙

어쩔 수 없이 ~ 하다 яах ч аргагүй ~ хийх
야흐 치 아락구이… 히-흐

어쩔 수 없이 자다 яах ч аргагүй унтсан
야흐 치 아락구이 온트상

어휘	үгийн сан 우기-잉 상	언어	хэл 헬
언니, 누나	эгч 에그치	언제	хэзээ 헤제-

언니 집에 갈게요.
Эгчийн гэрт очлоо.
에그치-잉 게르트 어칠러-

언니나 동생 있어요?
Эгч юм уу дүү бий юу?
에그치 유모- 두- 비-요-

언제 납품합니까?
Хэзээ бараа нийлүүлэх вэ?
헤제- 바라- 니-일루-울레흐 웨

언제 돌아가시나요?
Хэзээ буцаад явах вэ?
헤제- 보차-드 야와흐 웨

언제 우리 집에 오실 거예요?
Хэзээ манай гэрт ирэх вэ?
헤제- 마내 게르트 이레흐 웨

언제 졸업했어요?
Хэзээ төгссөн бэ?
헤제- 툭스쑹 베

언제 찾아 갈 수 있나요?
Хэзээ очих боломжтой вэ?
헤제- 어치흐 벌럼지터 웨

언제부터
хэзээнээс эхлээд
헤제-네-쓰 에흘레-드

언제요? Хэзээ вэ?
헤제- 웨

얼굴에 нүүрэнд
누-렌드

얻다 олох
얼러흐

얼다 хөлдөх
훌드흐

얼굴 нүүр
누-르

얼룩 эрээн алаг
에레-엥 알락

얼굴을 가리다 нүүрээ таглах, хаах
누-레- 타글라흐, 하-흐

얼굴이 타다 нүүр наранд түлэгдэх
누-르 나란드 툴렉데흐

얼굴표정 нүүрний төрх байдал
누-르니- 투르흐 배딸

얼마 전 남자친구와 헤어졌어.
Хэд хоногийн өмнө найз залуугаасаа салчихсан.
헬 허너기-잉 우믄 내쯔 잘로-가-싸- 살치흐상

얼마 전에 출장 갔다 왔다면서요?
Хэд хоногийн өмнө томилолтоор яваад
헬 허너기-잉 우믄 터미럴터-르 야와-드
ирсэн гэл үү?
이르승 겔 루-

얼마 후에 хэд хоногийн дараа
헬 허너기-잉 다라-

얼마나 걸려? Хэр зарцуулах вэ?
헤르 자르초-올라흐 웨

ㅇ

얼마	хэд 헫
얼마나 먼	Хэр хол 헤르 헐
얼마나 오래	хэр удаан 헤르 오따-앙
얼마나?	хичнээн? 히치네-엥
얼마예요?	Хэд вэ? 헤뜨 웨
얼음	мөс 무쓰
엄격하군요	чанга хатуу 창가 하토-
엄금하다	хатуу хориглох 하토- 허릭러흐
엄마	ээж 에-찌
엄중한	хатуу чанга 하토- 창가
엄청나게	асар том 아싸르 텀
업무	албан ажил 알방 아질

얼마동안 몽골에 있을 건가요?
Хэр удаан Монголд байх вэ?
헤르 오따-앙 멍걸드 배흐 웨

얼마를 투자 하실 건가요?
Хэдийн хөрөнгө оруулалт хийх вэ?
헤띠-잉 후릉그 어로-랄트 히-흐 웨

얼마정도 알고 있다
Тодорхой хэмжээний мэдэж байгаа.
터떠르허 헴제-니- 메데찌 배가-

엄마를 닮았네요.
Ээжийгээ дууралсан.
에-찌-게- 도-래상

없어	байхгүй 배흐구이	엎지르다	асгаж цутгах 아쓰가찌 초트가흐
없어지다	байхгүй болох 배흐구이 벌러흐	에어컨	агааржуулагч 아가-르조-올락치
엉망진창으로	замбараагүй 잠바라-구이	엘리베이터	лифт 리프트

에스컬레이터 цахилгаан шат
차힐가-앙 샤트

에어컨 агааржуулагч
아가-르조-올락치

에어컨 켜주세요. Агааржуулагч асааж өгөөч.
아가-르조-올락치 아싸-찌 우거-치

에티켓을 지키다 ёс горимыг дагах
여스 거림이그 다가흐

엑스레이를 찍다 рентгээн зураг авхуулах
렌트게-엥 조락 아호-올라흐

여권 준비했어요? Паспортоо бэлдсэн үү?
파스퍼르트 벨드스누-

여기 금연지역이야.
Энд тамхи татахыг хоригилсон газар.
엔드 타미흐 타타히끄 허릭러승 가자르

여기 혼자 왔어요? Энд ганцаараа ирсэн үү?
엔드 간차-라- 이르스누-

ㅇ

여권	паспорт 파스퍼르트
여기 돈이요.	Энэ мөнгө. 엔 뭉그

여기다	үзэх, санах 우제흐, 사나흐
여기에	энд 엔드

여기가 어느 도로 인가요? Энэ аль зам бэ?
엔 알 잠 베

여기 근처에 버스정류장이 있어요?
Энд ойролцоо автобусны буудал байгаа юу?
엔드 어럴처– 아우터보스니 보–딸 배가– 요–

여기는 남편 분 회사예요?
Энэ нөхөрийх нь ажлын газар уу?
엔 누흐리–흔 아질링 가자로–

여기서 멀어요? Эндээс хол уу?
엔데–쓰 헐로–

여기서 세워주세요. Энд зогсно уу.
엔드 적스노–

여기에 버스정류장이 있어요?
Энд автобусны буудал бий юу?
엔드 아우터보스니 보–딸 비– 요–

여기에 빈방 있어요? Энд сул өрөө бий юу?
엔드 솔 우러– 비– 요–

여기에 재미있게 놀만한 곳이 있나요?
Энд хөгжилтэй зугаалчихаар газар бий юу?
엔드 훅질테 조가–알치하–르 가자르 비– 요–

여덟 번째	найм дахь 냄 다흐	여름 방학	зуны амралт 조니 아므랄트
여덟(숫자)	найм 냄	여름에	зун 종
여동생	эмэгтэй дүү 에멕테 두-	여름휴가	зуны амралт 조니 아므랄트
여드름	батга 바트가	여보세요 (전화)	байна уу? 배노-?
여러 가지	янз бүрийн 얀즈 부리-잉	여선생님	эмэгтэй багш 에멕테 박시
여러 해	олон жил 얼렁 질	여섯 번째	зургаадугаар 조르가-도가-르
여론	олон нийтийн 얼렁 니-티-잉	여섯	зургаа 조르가-
여름	зун 종	여성	эмэгтэй 에멕테

여동생은 나보다 2살 어려.
Эмэгтэй дүү маань надаас хоёр насаар дүү.
에멕테 두- 마-안 나따-쓰 허여르 나싸-르 두-

여러분 모두 즐거운 휴일 보내세요.
Та бүхэн амралтын өдрөө хөгжилтай сайхан
타 부헹 아므랄팅 우드러- 훅질태 새항
өнгөрүүлээрэй.
웅그루-울레-레

여왕 хатан
하탕

여우 үнэ̀г
우넥

여자 эмэгтэй
에멕테

여자들 эмэгтэйчүүд
에멕테추-드

여전히 урьдын адил
오르딩 아딜

여행 аялал
아얄랄

여행 비자 аялалын виз
아얄랄링 비즈

여행가방 аялалын цүнх
아얄랄링 충흐

여전히 잘 지내 Урьдын адил сайн байгаа.
오르딩 아딜 생 배가-

여전히 잘 지내세요?
Урьдын адил сайн сууж байна уу?
오르딩 아딜 생 소-찌 배노-

여행사 аялал жуулчлалын компани
아얄랄 조-올칠랄링 컴파니

여행사가 일체의 수속을 해 줄 것 입니다.
Аялал жуулчлалын компаниас
아얄랄 조-올칠랄링 컴파니아쓰
эхнийртгэлийг бүхийж өгнө.
에흐니- 부르트겔리-끄 히-찌 우근

여행자를 위한 аялагчид зориулсан
아얄락치드 저리올상

여행자수표 аялагчийн тасалбар
아얄락치-잉 타살바르

여행가이드 аялалын хөтөч
아얄랄링 후투치

여행자 аялагч
아얄락치

여행하다 аялах
아얄라흐

역량 чадал
차딸

역사 түүх
투-흐

역할 үүрэг
우-렉

연결 холболт
헐벌트

연결하다 холбох
헐버흐

연계 нягт холбоо
냑트 헐버-

연관 холбоотой
헐버-테

연구하다 судлах
소뜰라흐

연극 жүжиг
주찍

여행팀과 함께 가는 것이 가장 좋아요.
Аялагч багтай хамт явах нь хамгийн гоё.
아얄락치 박태 함트 야와흔 함기-잉 고이

역 галт тэрэгний буудал
갈트 테레그니- 보-딸

역무원 метроны буудлын ажилтан
메트로니- 보-달링 아질탕

역사를 이해할수록 당신의 여행이 더 즐거워질 것입니다.
Түүхийг ойлголх тусам таны аялал илүү
투-히-끄 어일거흐 토삼 타니 아얄랄 일루-
хөгжилтэй болно.
훅질테 벌른

ㅇ

연기되다 хойшлох
허쉴러흐

연기하다 жүжиглэх
주찍레흐

연꽃 бамадлянхуа цэцэг
바담랑호아 체첵

연료 түлээ
툴레-

연립의 эвсэл
엡셀

연말 жилийн сүүл
질리-잉 수-울

연못 цөөрөм
추-름

연설 илтгэл
일트겔

연속하다 үргэлжлэх
우르겔찌레흐

연습하다 давтах
답타흐

연애하다 дурлах
도를라흐

연약하다 хэврэг
헤우렉

연어 шаврын хулд загас
샤우링 홀드 자가스

연장하다 сунгах
송가흐

연락 가능한 холбоо барих боломжтой
헐버- 바리흐 벌럼지테

연봉이 정말 세다. Арван гуравдугаар сарын цалин их.
아르왕 고랍도가-르 사링 찰링 이흐

연소자 насанд хүрээгүй хүн
나싼드 후레-구이 훙

연습 많이 한 것 맞죠? Дасгал их хийсэн тийм үү?
다스갈 이흐 히-승 티-무-

연초 жилийн эхэн
질리-잉 에헹

열 번째 арав дугаар
아랍 도가-르

열(숫자) арав
아랍

열거하다 тоочих
터-치흐

열다 нээх
네-흐

열다섯 арван тав
아르왕 타우

열둘(숫자) арван хоёр
아르왕 허여르

열쇠 түлхүүр
툴후-르

열심히 хичээнгүй
히체-엔구이

열악한 тун тааруу
통 타-로-

연회를 베풀다 үдэшлэг хийх
우데슐렉 히-흐

열개(가 한 묶음) арван ширхэг
아르왕 쉬르헥

열쇠 잃어버린 것 같아.
Түлхүүрээ хаясан юм шиг байна.
툴후-레- 하야상 윰 식 밴

열심히 설명하다 хичээнгүй тайлбарлах
히체-엔구이 탤바를라흐

열심히 하다 хичээнгүй хийх
히체-엔구이 히-흐

열심히 할게요. Хичээнгүй хийнэ ээ.
히체-엔구이 히-네-

ㅇ

열악한 환경 тааруу орчин
타-로- 어르칭

열이 내리다 халуун буух
할로-옹 보-흐

열이 있는 халуунтай
할로-옹태

열정 халуун сэтгэл
할로-옹 세트겔

열중하다 шимтгэх
심트게흐

열차 галт тэрэг
갈트 테렉

열하나(숫자) арван нэг
아르왕 넥

염소 ямаа
야마-

염전 давсны талбай
타우스니 탈배

염증 үрэвсэл
우렙셀

엽서 ил захидал
일 자히달

영광 яруу алдар
야로- 알다르

영리한 цовоо сэрэглэн
처버- 세렉릉

영문학 англи хэл судлал
앙길 헬 소뜰랄

영상 дүрс
두르스

영수증 мөнгөний баримт
뭉그니- 바림트

열이 납니까? Халуурч байна уу?
할로-르치 배노-?

열이 있어서 일하러 가지 못했다.
Халуунтай учраас ажилдаа явж чадаагүй.
할로-옹태 오치라-쓰 아질다- 얍찌 차따-구이

열이 조금 나다 жоохон халуунтай
쩌-헝 할로-옹태

영어 англи хэл
앙길 헬

영어로? Англиар уу?
앙길라로-

영웅 баатар
바-타르

영원히 мөнхөд
뭉흐드

ㅇ

영수증 좀 주세요. Мөнгөний баримт өгнө үү.
뭉그니- 바림트 우그누-

영양을 주다 шим тэжээл өгөх
심 테제-엘 우그흐

영어 할 줄 아세요? англиар ярьж чадах уу?
앙길라르 야리찌 차뜨흐-

영어로 이야기하다 Англиар ярих
앙길라르 야리흐

영어학원비 Англи хэлний дамжааны төлбөр
앙길 헬르니- 담자-니 툴부르

영업 액에 따라 세금을 납부해야한다.
Үйл ажилгааны мөнгөн дүнгээсээ
우일 아질가-니 뭉긍 둥게-쎄-
хамаараад татвар төлөх хэрэгтэй.
하마-라-드 타트와르 툴루흐 헤렉테

영업하다 үйл ажиллагаа, бизнес
우일 아질라가-, 비지네스

영원히 떠나다 үүрд мөнх одон явах
우-르드 뭉흐 어떵 야와흐

영향	нөлөө 눌러-
영화	кино 키노
영화를 보다	кино үзэх 키노 우제흐
영화제	кино наадам 키노 나-담
옆의	хажуугын 하조-깅
예(보기)	жишээ 지셰-
영토내(국토)	нутаг дэвсгэр дотор 노탁 뎁스게르 더터르
영하 / 영하 11도	хасах/хасах 11 хэм 하사흐/하사흐 아르왕 넥 헴
영화가 싱겁다	кино сонирхолгүй 키노 서니르헐구이
영화를 촬영하다	кино зураг авах 키노 조락 아와흐
예금통장	хадгаламжийн дэвтэр 하뜨갈람찌-잉 뎁테르
예를 드세요.	Жишээ авна уу 지셰- 아우노-
예매권	урьдчилан худалдан авах тасалбар 오르드칠랑- 호딸당 아와흐 타살바르
예방 접종서	урьдчилсан сэргийлэх тарилга 오르드칠상 세르기-일레흐 타릴락

예를 들자면 жишээ авбал
지세- 압발

예물 бэлэг сэлт
벨렉 셀트

예배 мөргөл
무르글

예쁘다 хөөрхөн
후-르흥

예산 төсөв
투습

예술 урлаг
오를락

예술가 урлагийн хүн
오를라기-잉 훙

예약하다 захиалах
자할라흐

ㅇ

예방 주사를 맞다
урьдчилсан сэргийлэх тарилга хийлгэх
오르드칠상 세르기-일레흐 타릴락 히-일게흐

예방하다 урьдчилан сэргийлэх
오르드칠랑 세르기-일레흐

예보하다 урьдчилсан мэдээ
오르드칠상 메데-

예뻐 보이네요. Хөөрхөн харагдаж байна.
후-르흥 하락다찌 밴

예쁜 사람이라고 들었어요. Хөөрхөн гэж сонссон.
후-르흥 게찌 선스성

예술가이실 것 같아요.
Урлагийн хүн юм шиг байна.
오를라기-잉 훙 윰 식 밴

예의를 지키다 ёс журмыг сахих
여쓰 조르미끄 사히흐

예의 있게	ёс журамтай 여쓰 조람태	옛날	эрт үед 에르트 우이드
예의가 없는	ёс зүйгүй 여쓰 주이구이	오(감탄)	өө 우-
예전에	урьд өмнө 오르드 우믄	오(숫자)	тав 타우
예측하다	таамаглах 타-막라흐	오는(시기)	ирэх 이레흐
옐로우 카드	шар хуудас 샤르 호-다스	오늘	өнөөдөр 우느-드르

예의상 그런 거죠.
Ёс журмын хувьд тийм гэсэн үг.
여쓰 조르밍 호위드 티-임 게쓴 욱

오는 길이 편했어요?
Ирэх замдаа таатай явж ирсэн үү?
이레흐 잠다- 타-태 얍찌 이르스누-

오늘 고마웠어요. Өнөөдөр их баярлалаа.
우느-드르 이흐 바야를라

오늘 공기가 맑아요. Өнөөдөр агаар цэлмэг байна.
우느-드르 아가-르 첼멕 밴

오늘 가시나요? Өнөөдөр явах уу?
우느-드르 야호-

오는 길에 **ирэх замд** 이레흐 잠드	오늘날 **Өнөөдөр** 우느-드르

오는 길에 계란 사와.

Ирэх замдаа өндөг аваад ирээрэй.

이레흐 잠다- 운득 아와-드 이레-레

오늘 날씨가 나빠요. Өнөөдөр цаг агаар муу байна.

우느-드르 착 아가-르 모- 밴

오늘 날씨가 좋아요.

Өнөөдөр цаг агаар сайхан байна.

우느-드르 착 아가-르 새항 밴

오늘 예뻐 보이네요.

Өнөөдөр хөөрхөн харагдаж байна.

우느-드르 허-르흥 하락다찌 밴

오늘 오후는 쉬어 집에 있을 거야.

Өнөөдөр үдээс хойш амарна. Гэртээ байна.

우느-드르 우데-스 허쉬 아마른 게르테- 밴

오늘 일을 끝냈어요? Өнөөдөр ажлаа дуусгаснуу?

우느-드르 아질라- 도-스가스노-

오늘 재미없었어. Өнөөдөр сонирхолгүй байлаа.

우느-드르 서니르헐구이 밸라-

오늘 정말 재밌다.

Өнөөдөр үнэхээр сонирхолтой байлаа.

우느-드르 운헤-르 서니르헐터 밸라-

오늘밤에	Өнөө шөнө 우느- 슌	오락(물)	тоглоом 터글럼
오다	ирэх 이레흐	오래	удаан 오따-앙

오늘 즐거웠어요. Өнөөдөр хөгжилтэй байлаа.
우느-드르 훅질테 밸라-

오늘은 내가 한 턱 낼게요. Өнөөдөр би дааяа.
우느-드르 비 다-야

오늘은 당신 뜻대로 하세요.
Өнөөдөр чи өөрийнхөө дураар хий.
우느-드르 치 어-리-잉허- 도라-르 히-

오늘이 3번째야 Өнөөдөр гурав дахь
우느-드르 고랍 다흐

오래 가지 않다 удаан явахгүй
오따-앙 야와흐구이

오래 기다리게 해서 미안합니다.
Удаан хүлээлгэсэнд уучлаарай.
오따-앙 훌레-게슨드 오-칠라래

오래간만이예요. Уулзалгүй удлаа шүү.
오-올잘구이 오뜰라- 슈-

오래된 친구 удаан найзалсан найз
오따-앙 내짤상 내쯔

오래됐지. Удсан биз дээ.
오뜨상 비즈 데-

오렌지 жүрж
주르찌

오르다 авирах
아워라흐

오르다(가격) өсөх
우쓰흐

오르다(나무등) авирах
아워라흐

오른쪽 баруун тал
바로-옹 탈

오리 нугас
노가스

오만한 их зантай
이흐 잔태

오빠, 형 ах
아흐

오세요 ирээрэй
이레-레

오염 бохирдол
버히르덜

오월 тав дугаар сар
답 도가-르 사르

오이 өргөст хэмэх
우르구스트 헤메흐

오전 үдээс өмнө
우데-스 우믄

오랫동안 удаан хугацааны турш
오따-앙 혹차-니 토르쉬

오렌지 주스 жүржийн шүүс
주르찌-잉 슈-스

오른쪽으로 가야하는 거죠?
баруун тийшээ явах хэрэгтэй биз дээ?
바로-옹 티-셰- 야와흐 헤렉테 비즈 데-

오이로 팩을 하다 өргөст хэмэхээр маск тавих
우르구스트 헤메헤-르 마스크 타위흐

ㅇ

오케스트라 оркестр
어르케스트르

오타 алдаа
알다-

오토바이 мотоцикл
머터치클

오프너 онгойлгогч
엉거일걱치

오해하다 буруу ойлгох
보로- 어일거흐

오후 үдээс хойш
우데-스 허쉬

오지 않는다면 ирэхгүй гэвэл
이레흐구이 게웰

오토바이 좀 봐주세요.
Мотоциклээ түр зээлдүүлээч.
머터치클레- 투르 제-엘두-울레-치

오토바이가 무서워. Мотоциклоос айдаг.
머터치클러-쓰 애이닥

오토바이로 여기에서 집까지 얼마나 걸려요?
Мотоциклоор эндээс гэр
머터치클러-르 엔데-쓰 게르
хүртэл хэр зарцуулах вэ?
후르텔 헤르 자르초-올라흐 웨

오토바이와 차가 충돌하다
Мотоцикл машин хоёр мөргөлдөх.
머터치클 마신 허여르 무르굴드흐

오해하셨어요. буруу ойлгосон.
보러- 어일거성

옥수수	эрдэнэшиш 에르덴쉬스
온도	дулааны хэм 돌라-니 헴
온도계	термометр 테르모메트르
온라인	нээлттэй 네-엘트테
온화한	дөлгөөн 둘구-웅
올 거죠?	ирнэ биз дээ? 이른 비즈 데-
올가미	урхи 오리흐
올림픽	олимп 올림프
올해	энэ жил 엔 질
옮기다	зөөх 주-흐
옳다	зөв зүйтэй 줍 주이테
옷	хувцас 홉차쓰

온도를 재다	темпиртур хэмжих 템피르토르 헴지흐
온수기	халуун усны машин 할로-옹 오쓰니 마싱
올해 몇 살이세요?	Энэ жил хэдтэй вэ? 엔 질 헤뜨테 웨
옷 따뜻하게 입어.	Дулаахан хувцасаа өмсөөрэй. 돌라-항 홉차싸- 움서-래
옷을 갈아입다	хувцасаа сольж өмсөх 홉차싸- 설찌 움스흐

옷가게 хувцасны дэлгүүр
홉차쓰니 델구–르

옷감 хувцасны материал
홉차쓰니 마테리알

옷걸이 хувцасны үлгүүр
홉차쓰니 울구–르

옷을 빨다 хувцас угаах
홉차쓰 오가–흐

옷을 입다 хувцас өмсөх
홉차쓰 움스흐

옷을 짜다 хувцас нэхэх
홉차쓰 네헤흐

옷이 끼다 хувцас барих
홉차쓰 바리흐

와이셔츠 цагаан срочк
차가–앙 스러칙

와인 вино
위너

완고한 гөжүүд
구주–드

완벽한 бүрэн төгс
부렝 툭스

완벽한 타이밍이다 төгс цаг
툭스 착

완성되다 бүрэн дуусгах
부렝 도–스가흐

완전한 төгс гүйцэд
툭스 구이체드

옷을 맞추다 хувцасаа тааруулах
홉차싸– 타–로–올라흐

옷을 벗다 хувцасаа тайлах
홉차싸– 탤라흐

옷을 빨고 있어요. хувцасаа угааж байна.
홉차싸– 오가–찌 밴

옷을 다리다 хувцасаа инд үүдэх
홉차싸– 인두–데흐

왕래하다 хөл хөдөлгөөн
훌 후뚤거-엉

왕에게 바치다 хаанд өргөх
하-안드 우르그흐

왕복의 иржочих
이르찌 어치흐

왕의 무덤 хааны булш
하-니 볼쉬

ㅇ

왕복표 иржочих тасалбар
이르찌 어치흐 타살바르

왕위를 빼앗다 хаан ширээг булаах
하-앙 쉬레-끄 볼라-흐

왜 그렇게 늦게 돌아왔어요?
Яагаад ингэж орой ирсэн бэ?
야가-드 잉게찌 어레 이르승 베

왜 그렇게 서둘러요?
Яагаад ингэж яараад байгаа юм бэ?
야가-드 이게찌 야라드 배가- 윰 배

왜 그렇게 자꾸 재촉해.
Яагаад ингээд байнга шахаж шаардаад
야가-드 잉게-드 뱅가 샤하찌 샤-르다-드
байгаа юм.
배가-윰

왜 그렇지? Яагаад тэгсэн юм бол?
야가-드 텍승 윰 벌

왜 무슨 일인데? Яасан юу болоов?
야가-드 요- 벌러-업

왕자	хаан хүү 하-앙 후-
왜	яагаад 야가-드

왜 미리 말을 안했어?

Яагаад урьдчилж хэлээгүй юм?

야가-드 오르드칠찌 헬레-구이 윰

왜 안 돼?

Яагаад болохгүй гэж?

야가-드 벌러흐구이 게찌

왜 어제 일을 쉬었어요?

Яагаад өчигдөр амарсан бэ?

야가-드 우칙드르 아마르상 배

왜 이렇게 느린 거야?(컴퓨터)

Яагаад ийм удаан юм бэ?

야가-드 이-임 오따-앙 윰 베

왜 이렇게 사람이 많은 거야?

Яагаад ийм их хүнтэй байгаа юм бэ?

야가-드 이-임 이흐 훈테 배가- 윰 베

왜 이렇게 오래 길이 막히는 거야?

Яагаад ийм удаан зам бөглөрч байгаа юм бол?

야가-드 이-임 오따-앙 잠 부글르치 배가- 윰 벌

왜냐면 걸으려고 하지 않으니까.

Яагаад гэвэл алхах гээгүй юм.

야가-드 게웰 알하흐 게-구이 윰

왠지 알아요?

Яагаад гэдгийг нь мэдэх үү?

야가-드 게뜨기-끈 메데후-

왜? Яагаад? 야가–드

외교 гадаад харилцаа 가따–드 하릴차–

외국 гадаад улс 가따–드 올쓰

외국어 гадаад хэл 가따–드 헬

외국의 гадаадын 가따–딩

외국인 гадаад хүн 가따–드 훙

외국회사 гадаад компани 가따–드 컴파니

외로이 уйтгарлах 오이트가를라흐

외모 гадаад төрх 가따–드 투르흐

외식하다 гадуур хооллох 가또–르 허–얼러흐

외할머니 нагац эмээ 나가치 에메–

외할아버지 нагац өвөө 나가치 우워–

외화 гадаад мөнгө 가따–드 뭉그

왼손 зүүн гар 주–웅 가르

외교관 дипломатч 디플로마트치

외무부 гадаад хэргийн яам 가따–드 헤르기–잉 얌

외상 되요? Зээлээр өгөх үү? 제–엘레–르 우그후–

외출중이다 гадуур ажилтай 가또–르 아질태

ㅇ

왼쪽	зүүн тал 주-웅 탈
왼쪽으로	зүүн тийш 주-웅 티-쉐-
왼편	зүүн тал 주-웅 탈
요구르트	тараг 타락
요구하다	шаардах 샤-르따흐
요금	төлбөр 툴부르
요금을 내다	төлбөр хийх 툴부르 히-흐
요리	хоол 허-얼
요리법	хоол хийх арга 허-얼 히-흐 아락
요리하다	хоол хийх 허-얼 히-흐 아락

왼편에 있는 것이 зүүн талд чинь байгаа юм
주-웅 탈드 칭 배가- 윰

요구를 만족시켜 드릴 수 있습니다.
Шаардлагыг биелүүлж өгч чадна.
샤-르뜰라기-그 빌루-울찌 욱치 차든

요구를 만족시키다 шаардлагыг биелүүлэх
샤-르뜰라기-그 빌루-울레흐

요리 잘하세요? Хоол сайн хийдэг үү?
허-얼 생 히-뜨구-

요리하고 있어. хоол хийж байна.
허-얼 히-찌 밴

요소 элемент
엘레멘트

요소들 элементүүд
에레멘투-드

요약 товчлол
텁칠럴

요즘 сүүлийн үед
수-울리-잉 우이드

욕실 угаалгын өрөө
오가-알라깅 우러-

욕심 шунаг сэтгэл
쇼낙 세트겔

ㅇ

요즘 다시 자전거를 타기 시작했다.
Сүүлийн үед дахиад дугуй унаж эхэлсэн.
수-울리-잉 우이드 다햐드 도고이 오나찌 에헬승

요즘 살찌신 것 같아요.
Сүүлийн үед таргалсан юм шиг байна.
수-울리-잉 우이드 타르갈상 윰 식 밴

요즘 어떻게 지내?
Сүүлийн үед юу хийж өнгөрөөж байна даа.
수-울리-잉 우이드 요- 히-찌 웅그르-찌 밴 다-

요즘 자연재해가 자주 일어난다.
Сүүлийн үед байгалын гамшиг их гарч байна.
수-울리-잉 우이드 배갈리잉 감식 이흐 가르츠 밴

요즘은 정말 덥다.
Сүүлийн үед үнэхээр халуун байна.
수-울리-잉 우이드 운헤-르 할로-옹 밴

욕심도 많네. Шунал ихтэй юм.
쇼날 이흐테 윰

욕심이 많은 шунал ихтэй
쇼날 이흐테

용(동물) луу
로-

용감하다 эр зоригтой
에르 저릭터

용돈 халаасны мөнгө
할라-스니 뭉그

용띠 луу жил
로- 질

용법 хэрэглэх заавар
헤렉레흐 자-와르

용서하다 уучлах, өршөөх
오-칠라흐, 우르슈-흐

우 баруун тал
바로-옹 탈

우대하다 тусгай арга хэмжээ
토스개 아락 헴제-

우리 같이 놀러가자. Бүгдээрээ хамт явъя.
북데-레- 함트 야워

우리 모두 그렇지. Бид бүгд тийм шдээ.
비드 북드 티-임 시데-

우리 뭐 먼저 하지? Бид юу эхлээд хийх вэ?
비드 요- 에흘레-드 히-흐 웨

우리 어떻게 하지? Бид нар яахуу?
비드 나르 야호-

우리 집에 놀러와. Манай гэрт ирээрэй.
마내 게르트 이레-레

우리 집에 올 거죠? Манай гэрт ирнэ биз дээ?
마내 게르트 이른 비즈 데-

우기 түр байрлах
투르 배를라흐

우대가격 тусгай үнэ
토스개 운

우리 테니스 칠래요? Бүгдээрээ теннис тоглоё
북데-레- 테니스 터글리

우리 함께 배드민턴 치러 가요.
Бүгдээрээ агаарын теннис тоглохоор явах уу?
북데-레- 아가리-잉 테니스 터글러허-르 야와호-

우리가 친구가 된다면 좋을 거야.
Бид нар найзууд болбол сайхан.
비드 나르 내쪼-드 벌벌 새항

우리끼리만? Бүгдээрээ л үү?
북데-레- 엘 우-

우리는 같이 일할 것이다 Бид хамт ажил хийнэ.
비드 함트 아질 히-인

우리는 부부예요. Бид хоёр эхнэр нөхөр.
비드 허여르 에흐네흐 누흐르

우리는 안 지 오래 됐어요.
Бид бие биенээ мэддэг болоод удсан.
비드 비 비네- 메뜨덱 벌러-드 오뜨상

우린 가지 않기로 결정했다.
Бид явахгүйгээр шийдсэн.
비드 야와흐구이게-르 쉬-뜨승

우린 공통점이 많아. Бид ижил тал олон бий.
비드 이질 탈 얼렁 비-

우리 Бид, Бүгдээрээ
비드, 북데-레-

우물 худаг
호닥

우박 мөндөр
문드르

우비 борооны цув
버러-니 촙

우산 шүхэр
슈헤르

우선 эхлээд, юуны өмнө
에흘레-드, 요니- 우믄

우선순위 эн тэргүүн
엔 테르구-웅

우스운 онигоо
어니거-

우승자 аварга
아브락

우승팀 аварга баг
아브락 박

우아하다 их сайхан
이흐 새항

우아한 их сайхан
이흐 새항

우연 санаандгүй
사나-안드구이

우연히 санаандгүй
사나-안드구이

우울한 ганихарах
가니하라흐

우울해 гунигтай
고닉태

우월감 дээгүүр зан
데-구-르 장

우유 сүү
수-

우산 가지고 가세요. Шүхэр аваад яваарай.
슈헤르 아와-드 야와-래

우승을 거머쥐다 амжилтыг өөрийн болгох
암질티그 어리-잉 벌거흐

우정 нөхөрлөл
누후르럴

우주선 сансрын хөлөг
산스링 훌룩

우주인 сансрын хөн
산스링 훙

우체국 шуудан
쇼-당

우체부 шуудaнч
쇼-당치

우표 марк
마르크

우표를 붙이다 марк наах
마르크 나-흐

운동종목 спортын төрөл
스퍼르팅 투룰

운동화 пүүз
푸-즈

운반하다 зөөх, тээвэрлэх
주-흐, 테-웨를레흐

운송비 тээврийн хөлс
테-웨리-잉 훌쓰

운송하다 тээвэрлэх
테-웨를레흐

우체통 шуудангийн хайрцаг
쇼-당기-잉 해르착

우회전금지 баруун тийш явахыг хориглоно
바로-옹 티-셰- 야와히-그 허릭런

우회전하다 баруун тийш явах
바로-옹 티-셰- 야와흐

운동경기 спортын тэмцээн
스퍼르팅 템체-엥

운동하다 спортоор хичээллэх
스퍼르터-르 히첼레흐

ㅇ

운이 없는	азгүй өдөр 아즈구이 우드르	운하	суваг 소왁
운이 좋다	азтай 아즈태	울다	уйлах 오일라흐
운이 좋은데	азтай байна 아즈태 밴	울지 마.	битгий уйл. 비트기- 오일
운전사	жолооч 절러-치	움직이다	хөдлөх 후뜰르흐
운전하다	жолоодох 절러-더흐	웃기는	инээдэмтэй 이네-뎀테

운수 좋은 날이네.
Азтай өдөр байна шүү.
아즈태 우드르 밴 슈-

운이 없는 날이네.
Азгүй өдөр байна шүү.
아즈구이 우드르 밴 슈-

운전면허증
жолооны үнэмлэх
절러-니 우넴레흐

운전을 위험하게 했어요.
Жолоо их аюултай барьсан.
절러- 이흐 아욜태 배르상

웃기는 농담
инээдэмтэй тоглоом
이네-뎀테 터글러-엄

웃기지?
Инээдтэй байгаа биз?
이네드테 배가- 비즈

웃다 инээх
이네-흐

웅장하다 сүрлэг том
수를렉 텀

원 вон
원

원금 үндсэн хөрөнгө
운드승 후릉거

원료 түүхий эд
투-히- 에드

원숭이 сармагчин
사르막칭

원시의 балар үе
발라르 우이

원앙새 ижил шувуу
이질 쇼오-

원인 учир шалтгаан
오치르 샬트가-앙

원장 эрхлэгч
에르흘렉치

원점 анх эхэлсэн газар
앙흐 에헬승 가자르

원조하다 туслах
토슬라흐

원주(둘레) дугуй тойрог
도고이 터이럭

원천 эх үүсвэр
에흐 우-스웨르

원피스 палаж
팔라지

원형의 дугуй дүрс
도고이 두르스

원래계획은 이틀 밤이다.
Төлөвлөгөөний дагуу бол хоёр хоног.
툴룹러거-니- 다고- 벌 허여르 허넉

원샷 нэг дор бүгдийг нь уух
넥 터르 북디-근 오-흐

원하는 대로 хүсэсний дагуу
후세스니- 다고-

월급 цалин
찰링

월말 сарын сүүл
사링 수-울

월요일 Даваа гариг
다와- 가릭

웨이터 эрэгтэй үйлчлэгч
에렉테 우일칠렉치

웹디자이너 веб дизайнер
웹 디자이네르

위(방향) дээр
데-르

원하는 대로 잘 되길 바랍니다.
Хүссэнчлэн сайн болж бүтээсэй гэж
후스승칠렝 생 벌찌 부테세 게찌
хүсэж байна.
후세찌 밴

월권하다 эрх мэдлээ хэтрүүлэх
에르흐 메들레- 헤트룰레흐

월급날 цалин буудаг өдөр
찰링 보-닥 우드르

월급날이 오다 цалин буудаг өдөр болох
찰링 보-닥 우드르 벌러흐

월세를 내다 байрны мөнгө төлөх
배르니 뭉그 툴루흐

웨이트리스 эмэгтэй үйлчлэгч
에멕테 우일칠렉치

웹디자인하다 веб дизайн хийх
웹 디자인 히-흐

위(신체) ходоод
허떠-드

위가 아프다 ходоод өвдөх
허떠-드 웁드흐

위대한 агуу
아고-

위로하다 тайтгаруулах
태트가로-올라흐

위반하다 зөрчих
주르치흐

위신 нэр хүнд
네르 훈드

위안하다 тайтгарал
태트가랄

위원장 хорооны дарга
허러-니 다락

위원회 зөвлөл
주블럴

위층 дээд давхар
데-드 답하르

위치 байршил
배르쉴

위치하다 байрших
배르시흐

위치해 있다 байршдаг
배르쉬닥

위한 төлөө
툴러-

위험한 аюултай
아욜태

위협하다 заналхийлэл
자날히-일렐

위산(의학) ходоодны хүчил
허떠-드니 후칠

위조하다 дууриалгаж хийх
도-리알가찌 히-흐

위층 살아. Дээд давхар амьдардаг
데-드 답하르트 앰다르닥

유가 증권	үнэт цаас 운트 차-쓰	유리	шил 실
유감스럽다	харамсалтай 하람살태	유리한	ашигтай 아식태
유격병	партизан цэрэг 파르티찬 체렉	유명인사	алдартай хүн 알다르태 훙
유교	Күнзийн сургааль 군지-잉 소르가-알	유명한	алдартай 알다르태
유능한	авьяастай 아위야스태	유사한	адил төстэй 아딜 투스테
유니폼	дүрэмт хувцас 두렘트 홉차스	유산(재산)	өв хөрөнгө 웁 후릉거
유럽	европ 옙러프	유언	гэрээслэл 게레-슬렐

유교의 영향을 받다
Күнзийн сургаалийн нөлөөлөл авах
군지-잉 소르가-알리-잉 눌러-얼럴 아와흐

유명배우
алдартай жүжигчин
알다르태 주찍칭

유명해지기 시작했다.
Алдартай болж эхэлсэн.
알다르태 벌찌 에헬승

유언으로 남겨주다
гэрээслэл болгон үлдээсэн
게레-슬렐 벌겅 울데-승

유용한 ашиглах
아식라흐

유월 зургадугаар сар
조르가도가-르 사르

유익하다 ашиг тустай
아식 토스태

유일한 цорын ганц
처링 간츠

유적 эртний туурь
에르트니- 토-르

유전의 удамшил
오땀실

유지하다 сахин хамгаалах
사힝 함가-알라흐

유치한 гэнэн томоогүй
게넹 터머-구이

유통 гүйлгээ
구일게-

유한의 хязгаарлагдмал
햐즈가-르락드말

유행하는 моодны
머-드니

유형 бодит
버띠트

유창한 торохгүй чөлөөтэй
터러흐구이 출러-테

유쾌한 цэнгэлтэй, хөгжилтэй
쳉겔테, 훅질테

유학가다 гадаадад суралцах хугацаа
가따-다드 소랄차흐 혹차-

유행성감기 халдварт ханиад томуу
할드와르트 하니아드 터모-

유행을 타지 않다 моодыг дагадгүй
머-디그 다가뜨구이

유혹하다	уруу татах 오로- 타타흐	은(금속)	мөнгө 뭉그
육(숫자)	зургаа 조르가-	은메달	мөнгөн медаль 뭉긍 메달
육교	гүүрэн зам 구-렝 잠	은퇴하다	чөлөөнд гарах 출러-언드 가라흐
육로	хуурай зам 호-래 잠	은행	банк 방크
육상	газраар 가즈라-르	음력	билгийн тоолол 빌기-잉 터-얼럴
육수	махны шөл 마흐니 숼	음료수	ундаа 온다-

육상선수 талбайн тэмцээн тамирчин
탈뱅 템체-엥 타미르칭

육체노동 биеийн хүчний ажил
비-잉 후치니- 아질

은근히 아프다 сэм сэм өвдөх
셈 셈 웁드흐

은행의 대출을 받는 것은 매우 어렵다.
Банкны зээл авах маш хэцүү.
방크니 제-엘 아와흐 마쉬 헤추-

음력날짜 билгийн тооллын он сар өдөр
빌기-잉 터-얼링 옹 사르 우드르

음색(노래)	дууны өнгө 도-니 웅그
음식	хоол . 허-얼
음식점	хоолны газар 허-얼니 가자르
음식점에는	хоолны газарт 허-얼니 가자르트
음악	хөгжим 훅징
음악가	хөгжимчин 훅징칭
음절	үгийн үе 우기-잉 우이
음표	дууны ноот бичиг 도-니 너-트 비칙
음향	дуу чимээ 도- 치메-
응(대답)	тийм 티-임

음력은 모든 나라가 똑같은 줄 알았어.
Билгийн тоолол нь бүх оронд ижил
빌기-잉 터-얼럴 은 부흐 어런드 이질
гэж бодсон.
게찌 보뜨성

음식 괜찮죠?
Хоол зүгээр үү?
허-얼 쭈게-루-

음식을 골라보세요.
Хоолоо сонгоорой.
허-얼러- 성거-레

음식을 주문해라.
Хоолоо захиалаарай.
허-얼러- 잘햘라-래

음악을 듣다
хөгжим сонсох
훅짐 선서흐

응급치료 түргэн тусламж
투르긍 토슬람지

응원하다 дэмжих
뎀지흐

의견 санаа бодол
사나- 버떨

의도 санаа зорилго
사나- 저릴럭

의례 ёс дэг
여쓰 덱

의문 асуулт
아소-올트

의미 утга
오탁

의사 эмч
엠치

의심하다 сэжиглэх
셀찍레흐

의자 сандал
산달

의미가 있다 / 그녀에겐 의미 있는 건 아녜요.
утгатай/
오탁태/
Тэр эмэгтэйд гол утга нь байгаа юм биш.
테르 에멕테드 걸 오탁 은 배가- 윰 비쉬

의욕상실 хүсэл сонирхолоо алдах
후쎌 서니르헐러- 알다흐

이 근처에 어느 은행이 있습니까?
Энэ ойр хавьд ямар банк байгаа вэ?
엔 어르 호위드 야마르 방크 배가- 웨

이 길 따라 Энэ замыг дагаад
엔 자미끄 다가-드

이 길 따라 쭉 가세요. Энэ замыг дагаад яваарай.
엔 자미끄 다가-드 야와-래

의지하다 түших
투시흐

의학 анагаах ухаан
안가-흐 오하-앙

이 닦다 шүдээ угаах
슈데- 오가-흐

이 지역 Энэ бүс нутаг
엔 부쓰 노탁

ㅇ

이 병에 담긴 것은 무슨 양념이에요?
Энэ шилтэй ямар амтлагч вэ?
엔 실태 야마르 암틀락치 웨

이 열차는 언제 울란바타르에 도착합니까?
Энэ галт тэрэг хэзээ Улаанбаатарт хүрэх вэ?
엔 갈트 테렉 헤제- 올라-안바-타르트 후레흐 웨

이 옷을 입으세요. Энэ хувцасыг өмсөөрэй.
엔 홉차씨그 움서-레

이 음식은 바타와 같이 먹어.
Энэ хоолыг Батаатай хамт ид.
엔 허-얼리끄 바타-태 함트 이드

이 회사 일은 내가 다 하는 거야? Энэ компаны
엔 컴파니
ажлыг бүгдийг нь би хийх юм уу?
아질리끄 북디-끈 비 히-흐 유모-

이가 썩다 шүд хорхой идэх
슈드 허르허 이데흐

이거 어때요? Энэ ямар байна?
엔 야마르 밴

이 지역에	энэ бүс нутагт 엔 부쓰 노탁트	이(숫자)	хоёр 허여르

이건 괜찮죠?
Энэ зүгээр биз дээ?
엔 쭈게-르 비즈 데-

이건 내 짐작이니까 정확하진 않아.
Энэ миний таамаг учраас тодорхой биш.
엔 미니- 타-막 오치라-쓰 터떠르허 비쉬

이건 뭐로 만든 거예요?
Энийг юугаар хийсэн юм бэ?
에니끄 요가-르 히-씅 윰 베

이건 좀 크네.
Энэ жоохон том байна.
엔 쩌-헝 텀 밴

이걸 뭐라고 불러요?
Энийг юу гэж дууддаг вэ?
에니끄 요 게찌 도-뜨닥 웨

이걸 몽골어로 뭐라고 불러요?
Энийг монголоор юу гэдэг вэ?
에니끄 멍걸러-르 요 게덱 웨

이것은 무엇 이예요?
Энэ юу вэ?
엔 요 웨?

이것이 당신의 노트북 이예요? Энэ таны ноте бук үү?
엔 타니 너트북 우-?

이것저것 다 넣어주세요.
Энэ тэрийг бүгдийг нь хийгээд өгөөрэй.
엔 테리-끄 북디-끈 히-게-드 우거-레

이(치아) **шүд** 슈드	이걸로 살게요. **Энийг авъя.** 에니끄 아워
이거 내거야 **Энэ минийх** 엔 미니-흐	이것 **энэ юм** 엔 윰

ㅇ

이곳에서 송금이 가능하나요?
Эндээс дансаар мөнгө шилжүүлэх
엔데-쓰 단사-르 뭉그 실쭈-울레흐
боломтой юу?
벌럼지터 요

이러면 안 되잖아.
Ингэж болохгүй.
잉게찌 벌르흐구이

이런 건 처음 보는 건데, 어디에 쓰는 거야?
Ийм юм анх удаа харж байна,
이-임 윰 항흐 오따- 하르찌 밴
хаана бичих юм бэ?
하-안 비치흐 윰 베

이런 방은 하루에 얼마예요?
Ийм өрөө өдөрт хэд вэ?
이-임 어러- 우드르트 헤뜨 웨

이런 조리 스타일을 뭐라고 부릅니까?
Ийм хоол хийх аргыг юу гэж хэлдэг вэ?
이-임 허-얼 히-흐 아르기그 요 게찌 헬덱 웨

이렇게 갑자기 얘기하면 어떻게 해?
Ингэж гэнэт хэлэхээр яах болж байна?
잉게찌 겐트 헬레헤-르 야흐 벌찌 밴

이게 아니라 энэ биш
엔 비쉬

이기적인 хувиа хичээсэн
호위아 히체-승

이끌다 дагуулах
다고-올라흐

이런 것 Иим юм
이-임 윰

이렇게 Ингэж
잉게찌

이렇게 하면 Ингэж хийвэл
잉게찌 히-웰

이렇게 작성하는 것이 맞습니까?
Ингэж бичих нь зөв үү?
잉게찌 비치흔 줍 우-

이룩하다 онгоц газраас хөөр өх
엉거츠 가자라-쓰 후-르흐

이를 닦고 자다 шүдээ угаагаад унтах
슈데- 오가-가-드 온타흐

이름은 모르겠어. Нэрийг нь мэдэхгүй.
네리-끈 메데흐구이

이리와 봐 할 말이 있어.
Наашаа хүрээд ир ярих юм байна.
나-샤- 후레-드 이르 야리흐 윰 밴

이메일 쓰는 것을 부탁하다
И мейл бичихийг гуйж байна.
이 멜 비치히-끄 고이찌 밴

이메일을 보내다 и мейл явуулах
이 멜 야오-올라흐

이를 뽑다 шүд авхуулах
슈드 아훌–울라흐

이름 нэр
네르

이름을 적다 Нэр бичих
네르 비치흐

이름을 짓다 Нэр өгөх
네르 우그흐

ㅇ

이면지 нэг талдаа бичигтэй хэрэггүй цаас
넥 탈다– 비칙테 헤렉구이 차–쓰

이면지 쓰세요 хэрэггүй цаас хэрэглээрэй
헤렉구이 차–쓰 헤렉레–레

이미 4달을 몽골에서 살았다.
Аль хэдийн дөрвөн сар монголд амьдарсан.
알 헤띠–잉 두르븡 사르 멍걸드 앰드르상

이번 여행이 성공하시길 빕니다.
Энэ удаагийн аялал амжилтанд
엔 오따–기–잉 아얄랄 암질탄드
хүрэхийг хүсье.
후레히–끄 후쓰이

이번 주말에 한국에 돌아가려고 해요.
Энэ долоо хоногт солонгос явах гэж байгаа.
엔 덜러– 허넉트 설렁거스 야와흐 게찌 배가–

이번에 와보니 몽골이 많이 현대화됐어요.
Энэ удаа ирээд харсан чинь монгол их орчин
엔 오따– 이레–드 하르상 친 멍걸 이흐 어르칭
үежсэн байна.
우이찌승 밴

이름전체	Нэр бүхэлдээ 네르 부헬데-	이모	нагац эгч 나가치 에그치
이마	дух 도흐	이민	цагаачлал 차가-칠랄
이면	далд тал 달드 탈	이발하다	үс засах 우쓰 자싸흐

이번이 두 번째	Энэ удаа хоёр дахь нь 엔 오따- 허여르 다흔
이번이 마지막	Энэ сүүлийх 엔 수-울리-흐
이불을 깔다	хөнжил дэвсэх 훈질 뎁세흐
이상 / 이십 명 이상	дээш/хорин хүнээс дээш 데-쉬/허링 후네-쓰 데-쉬
이상(소망)	хүсэл тэмүүлэл 후셀 템울렐
이상하게 운전하다	жолоо хачин барих 절러- 하칭 바리흐
이상한 사람이네.	Хачин хүн бэ. 하칭 훙 베
이쑤시개	шүдний чихчлүүр 슈드니-치흐출루-르

이번 энэ удаа
엔 오따–

이불 хөнжил
훈질

이사 들어가다 нүүж орох
누–찌 어러흐

이사하다 нүүх
누–흐

이상한 хачин
하칭

이성 эсрэг хүйсийн хүн
에스렉 후이씨–잉 훙

이슈 гол гарчиг
걸 가르칙

이슬람 ислам
이슬람

이야기할 수 있도록 하다/나라씨와 통화할 수 있을까요?
ярих боломж/Нараатай ярьж болох уу?
야리흐 벌럼지/나라–태 야리찌 벌러호–

이와 동시에 үүнтэй нэгэн зэрэг
우–운테 네근 제렉

이윤 중 10%를 공제할 수 있습니다.
Олсон ашгийнхаа арван хувийг суутгаж чадна.
얼성 아시기–잉하– 아르왕 호위–끄 소–트가찌 차든

이윤을 5% 나눠 줄 수도 있어요.
Олсон ашгийг таван хувьд хуваагаад өгж ч болно.
얼성 아시기–끄 타왕 호위드 호와–가–드 욱찌 치 벌른

이윤이 높지 않다 Олсон ашиг өндөр биш.
얼성 아식 운드르 비쉬

이율(저금) хүүний хувь хэмжээ
후–니– 호위 헴제–

이야기	яриа 야랴
이야기하다	ярих 야리흐

이자가 얼마나 되나요?
Хүү нь хэд вэ?
후- 은 헤뜨 웨

이전처럼 피곤하진 않아요.
Өмнөх шиг ээ ядрахгүй байна.
우므느흐 시게- 야드라흐구이 밴

이제 그만 가야해.
Одоо явахгүй бол болохгүй.
어떠- 야와흐구이 벌 벌러흐구이

이제 그만 끊자. (전화)
Одоо утсаа тастья.
어떠- 오트싸- 타스티

이제 어떻게 하지?
Одоо яах уу?
어떠- 야호-

이제 충분하다.
Одоо хангалттай.
어떠- 한갈트태

이주하다
шилжин суурших
실찡 소-르쉬흐

이쪽으로 이사 온 지 얼마나 되셨어요?
Ийшээ нүүж ирээд хэр удсан бэ?
이-셰- 누-찌 이레-드 헤르 오뜨상 베

이체송금
мөнгө дансаар шилж үүлэх
뭉그 단사-르 실쭈-울레흐

이웃 хөрш
후르쉬

이월 хоёр дугаар сар
허여르 도가-르 사르

이유 учир шалтгаан
오치이르 샬트가-앙

이윤 олсон ашиг
얼성 아식

이자 хүү
후-

이전에 урьд нь
오르든

이치에 맞지 않는 зүй тогтолд нийцэхгүй
주이 턱털드 니-체흐구이

이코노미 클래스 экономи класс
에커너미 클라스

이하 / 30이하 доош/гучаас доош
더-쉬/고챠-쓰 더-쉬

이해가 안 되다 ойлгохгүй байх
어일거흐구이 배흐

이해하기 쉬운 ойлгоход амархан
어일거허드 아마르항

이해하기 힘든 ойлгоход хүнд
어일거허드 훈드

이해하셨어요? Та ойлогсон уу?
타 어일거스 노-

이해해 주세요. Ойлгож өгөөч.
어일거찌 우거-치

ㅇ

이젠 익숙하다	Одоо дассан 어떠- 다스상
이해하다	ойлгох 어일거흐
이해했어?	Ойлогсон уу? 어일거스 노-
이혼	гэр бүл салалт 게르 불 살랄트
익명의	нууц нэр 노-츠 네르
익살스러운	алиа хошин 알리아 허싱
익숙하지 않은	дасахгүй 다싸흐구이
익숙한	дассан 다쓰상
익숙해지다	дасах 다싸흐
익힌	болсон 벌성
인계하다	хүлээлгэн өгөх 후레-엘긍 우그흐
인구	хүн ам 훙 암
인구수	хүн амын тоо 훙 아밍 터-
인내심	тэсвэр тэвчээр 테스웨르 텝체-르
인도	Энэтхэг 이네트헥
인류	хүн төрлөхөн 훙 투룰루흐퉁
인물	хүн 훙
인부	ажиллах хүч 아질라흐 후치
인도(교통)	явган хүний зам 야우강 후니- 잠
인분 / 삼 인분	порц/гурван хүний порц 퍼르츠/고르왕 후니- 퍼르츠

인사(만남)	мэндлэх 멘들레흐	인쇄하다	хэвлэх 헤블레흐
인상	төрх байдал 투르흐 배달	인식하다	ойлголт 어일걸트
인생	хүний амьдрал 후니-앰드랄	인용	иш татах 이쉬 타타흐

인정하다 хөлээн зөвшөөрөх
훌레-엥 줍슈르흐

인출하다 банкнаас мөнгө авах
방크나-쓰 뭉그 아와흐

인터넷이 죽었어.(속어)
Интернет ажиллахгүй байна.
인테르네트 아질라흐구이 밴

인파를 이루다 олон хүн бүрд үүлэх
얼렁 훙 부르두-울레흐

인형극 хүүхэлдэйн жүжиг
후-헬뎅 주찍

일 때문에 오신건가요? Ажлаар ирсэн үү?
아질라-르 이르스 누-

일 열심히 해. Ажлаа сайн хийгээрэй.
아질라- 생 히-게-레

일 잘됐죠? Ажил нь бүтэмжтэй биз дээ?
아질 은 부템지테 비즈 데-

인형 хүүхэлдэй
후-헬데

인화지 зураг угаах цаас
조락 오가-흐 차-쓰

일 ажил
아질

일(숫자) нэг
넥

일간신문 өдрийн сонин
우드리-잉 서닝

일곱 번째 долоо дугаар
덜러- 도가-르

일곱(숫자) долоо
덜러-

일광욕하다 наранд шарах
나란드 샤라흐

일깨우다 ухааруулах
오하로-올라흐

일등급 тэргүүн зэрэг
투르구-웅 제렉

일어나다 босох
버써흐

일단 밥 드세요. эхлээд хоолоо ид.
에흘레-드 허-얼러- 이드

일상용품
өдөр тутмын хэрэглээний бүтээгдэхүүн
우드르 토트밍 헤렉레-니- 부텍데후-웅

일생동안 бүхийл амьдралын турш
부히-일 앰드랄링 토르쉬

일어난 지 얼마나 되셨어요?
Унтаж босоод хэр удаж байгаа вэ?
온타찌 버써-드 헤르 오다찌 배가- 웨

일렬로 만들다 цуваа болох
초와- 벌러흐

일반적으로 ерөнхийд нь
유릉히-든

일요일에 시간 있어? Ням гаригт завтай юу?
냠 가릭트 잡태 요

일은 넘치는데 일 할 사람이 없어.
Ажил их газар ажил хийчих хүн байхгүй.
아질 이흐 가자르 아질 히-치흐 훙 배흐구이

일을 그만두다 ажлаасаа гарах
아질라-싸- 가라흐

일을 끝까지 하다 ажлаа туустал хийх
아질라- 토-스탈 히-흐

일을 끝내다 ажлаа дуусгах
아질라- 도-쓰가흐

일이 너무 많아 ажил их байна
아질 이흐 밴

일이 다 해결되어 끝났지.
Ажил бүгдээрээ шийдэгдээд дууссан.
아질 북데-레- 쉬-덱데-드 도-쓰상

일이 많이 남다 ажил их үлдэх
아질 이흐 울데흐

일이 바쁘세요? Ажил ихтэй завгүй байна уу?
아질 이흐태 자우구이 배노-

ㅇ

일본 Япон
야퐁

일본어 Япон хэл
야퐁 헬

일시적인 түр зуурын
투르 조-링

일어나 бос
버쓰

일어서다 босож зогсох
버써찌 적서흐

일요일 Ням гариг
냠 가릭

일이 있어서 가봐야겠어.
Ажилтай учраас явах хэрэгтэй байна.
아질태 오치라-쓰 야와흐 헤렉태 밴

일일이 세다 нэг бүрчилэн тоолох
넥 부르칠렝 터-얼러흐

일자리를 구하다 Ажлын байр олох
아질링 배르 얼러흐

일제히 발사하다 нэгэн зэрэг буудах
네근 제렉 보-따흐

일주일에 한번 долоо хоногт нэг удаа
덜러- 허넉트 넥 오따-

일하러 가다 ажил хийхээр явах
아질 히-헤-르 야와흐

일회용밴드 нэг удаагийн шарханы лент
넥 오따-기-잉 샤르하니 렌트

읽다 / 이 책을 읽으세요.
унших/Энэ номыг уншаарай.
온쉬흐/엔 너미끄 온샤-래

일월 нэг дүгээр сар
넥 두게-르 사르

일이 끝나고 ажил дуусаад
아질 도-싸-드

일찍 эрт
에르트

일찍 일어나다 эрт босох
에르트 버써흐

일치하다 нийцэх, адил
니-체흐, 아딜

일하다 ажил хийх
아질 히-흐

잃다 алдах, гээх
알다흐, 게-흐

잃어버리다 хаях, гээх
하이흐, 게-흐

임금 цалин хөлс
찰링 훌쓰

임대료 түрээсийн төлбөр
투레-씨-잉 툴부르

임대하다 түрээслэх
투레-쓸레흐

임명하다 томилолт
터미럴트

잃어 버렸어? Гээчихсэн үү?
게-치흐스누-

임신하다 хөл хүнд болох
훌 훈드 벌러흐

입 냄새나다 амнаас үнэр гарах
암나-쓰 우네르 가라흐

입국하다 улсын хилээр нэвтрэн орох
올씽 힐레-르 넵트렝 어러흐

입니까? / 벌러르씨 입니까? юу/ Болороо юу?
요/벌러러- 요

ㅇ

임무	үүрэгт ажил 우렉트 아질	입다	өмсөх 움스흐
임시의	түр 투르	입맛에 맞다	хоол таарах 허-얼 타-라흐
임신	хөл хүнд 훌 훈드	입어보다	өмсөж үзэх 움스찌 우제흐
임업	ойн аж ахуй 어잉 아지 아호이	입을 벌리다	амаа нээх 아마- 네-흐
입	ам 암	입이 가벼운	аманцар 아만차르
입구	орох үүд 어러흐 우-드	입이 무겁다	үг цөөнтэй 욱 추-운테
입국카드	орох карт 어러흐 카르트	입장권	орох тасалбар 어러흐 타쌀바르

입맛에 맞으실지 모르겠어요.
Идэж чадах эсэхийг мэдэхгүй байна.
이데찌 차따흐 에세히-끄 메데흐구이 밴

입으면 편하다 — өмсвөл биенд эвтэйхэн
움스웰 비인드 엡테흥

있어야 한다 — байх хэрэгтэй
배흐 헤렉테

잊고 자버리다 — мартаад унтчихсан
마르타-드 온트치흐상

입장료	такс 탁시
입찰하다	тендер 텐드르
잇따른	залгах 잘가흐
잉크	будаг 보닥
잊다	мартах 마르타흐
잊어버려	март 마르트
잎	навч 납치
잎으로 싸다	навчинд боох 납친드 버-흐

ㅇ

ㅈ

자 шугам
쇼감

자다 унтах
온타흐

자동 автомат
아우터마트

자동차 авто машин
압터 마신

자라다 өсөх
우쓰흐

자랑스럽다 бахархмаар
바하르흐마-르

자료 материал
마테리알

자르다 хэрчих огтлох
헤르치흐 억틀러흐

자막 хадмал орчуулга
하뜨말 어르초-올락

자매 эгч дүү
에그치 두-

자기소개를 하다 өөрийгөө танилцуулах
어-리-잉거- 타닐초-올라흐

자기소개서 өөрийн танилцуулга
어-리-잉 타닐초-올락

자동차로 가다 машинаар явах
마시나-르 야와흐

자루 / 펜 3자루 ширхэг/Бал гурван ширхэг
쉬르헥/발 고르왕 쉬르헥

자리로 돌아가 байрандаа буцаж очих
배란다- 보차찌 어치흐

자발적인 сайн дураар
생 도라-르

자백하다 үнэнээ хэлэх
우네- 헬레흐

자본 хөрөнгө мөнгө
후릉그 뭉그

자산 өмч хөрөнгө
움치 후릉거

자세한 нарийн тодорхой
나리-잉 터떠르허

자손 үр удам
우르 오땀

자식 үр хүүхэд
우르 후-헨

자신의 өөрөө
어-러-

자연 байгаль
배갈

자유 эрх чөлөө
에르흐 출러-

자물쇠로 잠그다 цоожоор цоожлох
처-쩌-르 처-찔러흐

자세히 이야기하다 тодорхой ярих
터떠르허 야리흐

자신감을 가져 өөртөө итгэх итгэлтэй болох
어-르터- 이트게흐 이트겔테 벌러흐

자신을 보호하다 өөрийгөө хамгаалах
어-리-거- 함가-알라흐

자연스럽게 чөлөөтэй, энгийн
출러-태, 엔기-잉

자연재해 байгалийн гамшиг
배갈리-잉 감식

ㅈ

자전거 дугуй
도고이

자존 бие даан амьдрах
비 다-앙 앰드라흐

자주 байнга
밴가

자주 가다 байнга явдаг
밴가 얍닥

자주색 ухаа ягаан өнгө
오하- 야가-앙 웅그

작가 зохиолч
저혈치

작년 ноднин жил
너뜨니- 질

작동하다 ажиллуулах
아질로-올라흐

작문 зохион бичиг
저현 비칙

작문하다 зохион бичих
저현 비치흐

자원봉사자 сайн дурын ажил
생 도링 아질

자유저축예금 чөлөө хадгаламж
출러-트 하뜨갈람지

자유형수영 чөлөө сэлэлт
출러-트 셀렐트

자전거 타다가 넘어졌어.
Дугуй унаж байгаад уначихсан.
도고이 오나찌 배가-드 오나치흐상

자전거 타지 않아 Дугуй ундаггүй
도고이 온딱구이

자주 발생하다 байнга гардаг
밴가 가르닥

작별 인사하다
салах ёс хийх
살라흐 여쓰 히-흐

작별하다 салах, өдэх
살라흐, 우데흐

작업 эрхэлдэг ажил
에르헬덱 아질

작용 үйлдэл
우일델

작은 жижиг
찌찍

작은 길 жижиг зам
찌찍 잠

작은 눈 жижиг нүд
찌찍 누드

작품 урлагийн бүтээл
오를라기-잉 부테-엘

잔고 дансны үлдэгдэл
단스니 울덱델

잔디 зүлэг
주렉

잔소리하다 үглээ үг
우글레- 욱

잔업 илүү цагийн ажил
일루- 차기-잉 아질

작은 돈으로 바꾸다 бага мөнгөөр солих
박 뭉거-르 설리흐

작은 택시 하나 필요해요.
Жижигхэн такси нэг хэрэгтэй.
찌직흥 탁시 넥 헤렉테

잔 / 우유 한잔 аяга/сүү нэг аяга
아약/수- 넥 아약

잔돈으로 바꿔주세요.
Задгай мөнгөөр солиод өгнө үү.
자뜨게 뭉거-르 설리어드 우그누-

ㅈ

잔치	найр наадам 네르 나-담	잘 자라다	Сайн өсөх 생 우쓰흐
잘 맞다	сайн таарах 생 타-라흐	잘라내다	тайрах 태라흐
잘 먹다	сайн идэх 생 이데흐	잘못 걸다	буруу залгах 보로- 잘가흐
잘 먹어라	Сайн идээрэй 생 이데-레	잘못 들었어	буруу сонсох 보로- 선서흐
잘 아는	сайн мэддэг 생 메뜨덱	잘못 생각하다	буруу бодох 보로- 버떠흐
잘 자	Сайхан амраарай 새항 아므라-래	잘못이해하다	буруу ойлгох 보로- 어일거흐

잔잔한 음악(발라드)이 더 좋아요.
Зөөлөн дөлгөөн хөгжимд илүү дуртай.
주-을릉 둘그-응 훅짐드 일루- 도르태

잘 골라 와야해.
Сайн сонгож ирэх хэрэгтэй.
생 성거찌 이레흐 헤렉테

잘 곳이 필요하다
Унтах газар хэрэгтэй
온타흐 가자르 헤렉테

잘 맞네요.
Сайн таарч байна.
생 타-르치 밴

잘 사귀어놔야지.
Сайн найзлах хэрэгтэй.
생 내찔라흐 헤렉테

잘못하다	буруу хийх 보로- 히-흐
잘하는	сайн хийдэг 생 히-득
잠그다	цоожлох 처-찔러흐
잠깨다	нойрноос сэрэх 너르너-쓰 세레흐
잠시 동안	хэсэгхэн зуур 헤쎅흥 조-르
잠자리	унтах газар 온타흐 가자르
잠재력	нөөц бололцоо 누-츠 벌럴처-
잡다	барих 바리흐
잡다한	холимог 헐리먹
잡음	шуугиан 쇼-기앙
잡지	сэтгүүл 세트구-울
장(신체)	гэдэс дотор 게떼스 더터르

잘 잤어?	Сайхан амарсан уу? 새항 아마르스노-
잘 진행하고 있습니다.	Сайн ахиж байгаа. 생 아히찌 배가-
잘게 자르다	богинхон тайрах 버긴헝 태라흐
잘생겼다	царайлаг эрэгтэй хүнд 차래락 에렉테 훈드
잘하네.	Сайн хийж байна шүү. 생 히-찌 밴 슈-

ㅈ

장갑을 끼다 бээлий өмсөх
베-엘리- 움스흐

장관 сайд, захирагч
새드, 자히락치

장기(체스) шатар
샤타흐

장기를 두다 шатар тоглох
샤타흐 터글러흐

장기의(기간) урт хугацаа
오르트 혹차-

장난감 тоглоом
터글러-엄

잠깐만 기다려줘. Түр хүлээнэ үү.
투르 훌레-누-

잠깐만요. Түр хүлээгээрэй.
투르 훌레-게-레

잠시 나갔다 올게요. Түр гарчихаад ирье.
투르 가르치하-드 이리

잠에서 깨다 нойрноос сэрэх
너르너-쓰 세레흐

잠을 잘 못자다 унтаж чадахгүй байх
온타찌 차다흐구이 배흐

잠이 안 오다 нойр хүрэхгүй байх
너르 후레흐구이 배흐

잠자리에 들다 орондоо орох
어런더- 어러흐

잡아 빼다 бариад татаж авах
바리아드 타타찌 아와흐

장래	ирээдүй хожим 이레-두이 허찜	
장래에는	ирээдүйд 이레-두이	
장려하다	урамшуулах 오람쇼-올라흐	
장롱	хувцасны шүүгээ 홉차스니 슈-게-	
장미	сарнай 사르내	
장보러 가다	зах явах 자흐 야와흐	
장소	газар, байр 가자르, 배르	
장식품	гоёлын бараа 거열링 바라-	
장식하다	гоёж чимэх 거이찌 치메흐	
장작	түлээ мод 툴레- 머드	
장점	сайн тал 생 탈	
장치	тоног төхөөрөмж 터넉 투흐-름지	
재검토하다	дахин хянах 다힝 햐나흐	
재난	гамшиг 감식	

장 / 벽돌 한 장 — ширхэг/тоосго нэг ширхэг
쉬르헥/터-쓰거 넥 쉬르헥

장 / 종이 한 장 — хуудас/нэг хуудас цаас
호-따스/넥 호-따스 차-쓰

장 / 표 두 장 — ширхэг/тасалбар хоёр ширхэг
쉬르헥/타쌀바르 허어르 쉬르헥

장갑이 끼다 — бээлий багадах
베-엘리- 박다흐

ㅈ

재능 авьяас чадвар
아위야스 차뜨와르

재다 хэмжих
헴지흐

재떨이 үнсний сав
운스니- 삽

재미없는 сонирхолгүй
서니르헐구이

재미있는 сонирхолтой
서니르헐터

재밌다 сонирхолтой
서니르헐터

재발하다 сэдрэх
세뜨레흐

재산 хөрөнгө мөнгө
후릉그 뭉그

재정 санхүү
상후-

재채기하다 найтаалгах
내타-알가흐

재촉하다 шахаж шаардах
샤하찌 샤-르따흐

재혼 дахин гэрлэх
다힝 게를레흐

잼 варень
와랭

쟁반 поднос
팓너즈

장사하기가 쉽지 않다. Наймаа хийх амаргүй.
내마- 히-흐 아마르구이

장티푸스(의학) гэдэсний хижиг
게떼스니- 히직

장학금 сургалтын тэтгэлэг
소르갈팅 테트겔렉

장학금이 취소되다. Сургалтын тэтгэлэг нь цуцлагдах.
소르갈팅 테트겔레근 초출락다흐

저것 тэр
테르

저것 봐. Тэрийг хар.
테리-끄 하르

저금하다 хадгаламж
하뜨갈람지

저녁 орой
어레

저녁마다 орой болгон
어레 벌겅

저녁식사 оройн хоол
어렝 허-얼

저렇게 Тэгэж
테게찌

저자 зохиогч
저혁치

저작권 зохиогчийн эрх
저혁치-잉 에르흐

저장소 хадгалах газар
하뜨갈라흐 가자르

저장하다 хадгалах
하뜨갈라흐

저항하다 эсэргүүцэх
에쎄르구-체흐

재미있어 보이지?
Сонирхолтой харагдаж байгаа биз?
서니르헐터 하락다찌 배가- 비즈

재미있어? Сонирхолтой байна уу?
서니르헐터 배노-

재미있을 것이다. Сонирхолтой байх болно.
서니르헐터 배흐 벌른

재밌겠지? Сонирхолтой байлгүйдээ.
서니르헐터 밸구이 데-

저걸로 주세요. Тэрийг өгнө үү.
테리-끄 우그누-

ㅈ

적극	идэвхитэй 이뎁히테
적도	экваторын бүс 에크와터링 부쓰

저녁 먹는 거 말고 다른 것도 하나요?

Орой хоол идэхээс өөр зүйл хийх үү?

어레 허-얼 이데헤-쓰 어-르 주일 히-후-

저녁 산다고 했잖아요.

Оройн хоол авч өгнө гээ биз дээ.

어렝 허-얼 압치 우근 게- 비즈 데-

저녁을 먹고 텔레비전을 본다.

Оройн хоол идээд телевизор үздэг.

어렝 허-얼 이데-드 텔레비저르 우즈덱

저녁을 준비하다

оройн хоол бэлдэх

어렝 허-얼 벨데흐

저는 그렇게 보지 않는데요.

Натад тэгэж харагдаагүй.

나따드 테게찌 하락다-구이

저는 막 왔습니다.

Би яг ирчихээд байна.

비 약 이르치헤-드 밴

저는 아주 좋습니다 당신은요?

Надад таалагдаж байна Чамд?

나따드 타-알락다찌 밴 참드

저라면 웃음이 안 나오시겠어요?

Наймаг гэхээр инээдчин хүрэхгүй байна уу?

나매끄 게헤-르 이네-드칭 후레흐구이 배노-

적용	оновчтой 어넙치터	전 세계	дэлхий даяар 델히- 다야르
적응된	дассан 다쓰상	전국	орон даяар 어렁 다야르
적합하지 않은	нийцгүй 니-츠구이	전극	цахилгааны туйл 차힐가-니 토일
적합한	нийцтэй 니-츠테	전기	цахилгаан 차힐가-앙

저를 따라 오세요.
Намайг дагаад ирээрэй.
나매끄 다가-드 이레-레

저분은 누구예요?
Тэр хүн хэн бэ?
테르 훙 헹 베

저에게 얘기하는 거예요?
Надад хэлж байгаа юм уу?
나따드 헬찌 배가- 유모-

저에게 주세요.
Надаа өгнө үү.
나따드 우그누-

저쪽에 사람들 정말 많다.
Тэнд хүн их байна.
텐드 훙 이흐 밴

적다 / 내가 적을 게.
бичих/Би бичье
비치흐/비 비치

적다(기록)
бичиж тэмдэглэх
비치찌 템데글레흐

ㅈ

전기를 끊다	тог тасдах	턱 타스다흐
전기장판	цахилгаан гудас	차힐가-앙 고따스
전기주전자	цахилгаан данх	차힐가-앙 당흐
전기콘센트	залгуур	잘고-르
전날	өмнөх өдөр	우므느흐 우드르
전단지	зүлэг	줄렉
전당포	ломбард	럼바르드
전등	лампа	람프
전람회	үзэсгэлэн	우제스겔렝
전면적인	бүх талын	부흐 탈링
전문	мэргэжлийн	메렉질리-잉
전문가	мэргэжилтэн	메렉질텡
전문분야	мэргэжил	메렉질
전반적으로	ерөнхий	유릉히-
전부	бүх хэсэг	부흐 헤섹
전설	үлгэр домог	울게르 더먹
전자(전기)	электрон	엘렉트롱
전자레인지	шарах шүүгээ	샤라흐 슈-게-
적용하다	оновчтой хэрэглэх	어넙치터 헤렉레흐

전 / 3시 10분전
өмнө/Гурван цагт арван минут дутуу байна
우믄/고르왕 착트 아르왕 미노트 도토- 밴

전자제품 электрон бараа
에렉트롱 바라-

전쟁 дайн дажин
댕 다찡

전체 нийт, бүхэл
니-트, 부헬

전체적인 нийтэд нь
니-트든

전치사 угтвар үг
옥트와르 욱

전통 уламжлал
올람질랄

전통음식 уламжлалт хоол
올람질랄트 허-얼

전투 байлдаан
밸다-앙

전력을 다하다 хамаг хүчээ гаргах
하막 후체 가르가흐

전반적으로 몽골 음식들은 짜요.
Монгол хоол ерөнхийдөө шорвог.
멍걸 허-얼 유릉히-더- 셔르웩

전선을 뽑다 залгуурыг салгах
잘고-르 이그 살가흐

전설이 일어나다 үлгэр домог бий болох
울게르 더먹 비- 벌러흐

전시하다 дэлгэж үзүүлэх
델게찌 우주-울레흐

전신을 찍다 бүх биеийх нь зургийг авах
부흐 비-흥 조르기-그 아와흐

전에 / 3년 전에 өмнө/гурван жилийн өмнө
우믄/고르왕 질리-잉 우믄

ㅈ

전투하다 байлдах
밸다흐

전하다 дамжуулах
담조-올라흐

전혀 다른 огт өөр
억트 어-르

전화 телефон, утас
텔레폰, 오타쓰

전화 끊자. утасаа тасрая.
오타싸- 타슬라이

전화기 утасны аппарат
오타쓰니 아파라트

전화를 걸다 утсаар залгах
오트싸-르 잘가흐

전화를 끊다 утсаа тасдах
오트싸- 타스다흐

전화를 받다 утас авах
오타쓰 아와흐

전화벨소리 утасны дуу
오타쓰니 도-

전혀 폐가 되지 않아요.
Ямар ч хор уршиг болохгүй.
야마르 치 허르 오르식 벌러흐구이

전화 왔어요. дуудлага ирлээ.
도-오들라가 이를레-

전화기를 잃어버리다 утсаа хаях
오트싸- 하야흐

전화로 주문하다 утсаар захиалах
오트싸-르 자할라흐

전화를 바꾸다 харилцуураа солих
하릴초-라- 설리흐

전화를 사용해도 될까요?
Утсыг чинь хэрэглэж болох уу?
오트씨-그 친 헤렉레찌 벌러호-

전화했었어요? Залгасан уу? 잘가스노-	절차(전산) шат дамжлага 샤트 담질락
절(사찰) хийд 히-드	젊은 залуу 잘로-
절대적인 туйлын 토일링	젊은이 залуу хүн 잘로- 훙
절반 тэн хагас 텡 하가쓰	점(얼룩) мэнгэ 멩그
절약 хэмнэх 헴네흐	점(점수) оноо 어너-
절정 оргил 어르길	점심(시기) өдөр 우드르

전화번호 / 바타 전화번호 아세요?

утасны дугаар/

오타쓰니 도가르/

Батаагийн утасны дугаарыг мэдэх үү?

바타-기-잉 오타쓰니 도가-리끄 메데후-

전화번호를 좀 불러 주세요.

Утасныхаа дугаарыг хэлээд өгөөч.

오타쓰니하- 도가-리끄 헬레드 어거-치

절교하다 холбоогоо таслах

헐버-거- 타슬라흐

점수를 유지하다 оноогоо хадгалах

어너-거- 하뜨갈라흐

ㅈ

점원	худалдагч 호딸닥치
점점	аажмаар 아-즈마-르
접대하다(손님)	дайлах 댈라흐
접속사	холбоос үг 헐버-쓰 욱
접수	хүлээн авах 훌레-엥 아와흐
접시	таваг 타왁
접촉하다	хүрэлцэхүй 후렐체후이
젓가락	савх 사우흐
정가	тогтсон үнэ 턱트성 운
정규	албан ёсны 알방 여쓰니
정도	зэрэг, хэмжээ 제렉, 헴제-
정돈된	эмх цэгц 엠흐 첵치
정돈하다	эмх цэгцтэй 엠흐 첵치츠태
정류장	автобусны буудал 압터보스니 보-딸
정리하다	цэгцлэх 첵츨레흐
정말 좋다	үнэхээр гоё 운헤-르 고이
점심 고마워	өдрийн хоолонд баярлалаа. 우드리-잉 허-얼런드 바야를라-
점심시간	өдрийн хоолны цаг 우드리-잉 허-얼르니 착
점점 짧아지다	аажмаар богинсох 아-즈마-르 버긴서흐

정말로 үнэхээр 운헤-르

정보 мэдээлэл 메데-엘렐

정복하다 эзлэн авах 에즐렝 아와흐

정부 засгийн газар 자스기-잉 가자르

정상(꼭대기) оргил 어르길

정숙한 чимээгүй 치메-구이

정신 оюун ухаан 어윤 오하-앙

정어리 сардина загас 사르디나 자가스

정원 парк 파르크

정의하다 тодорхойлох 터떠르헐러흐

ㅈ

정각 / 정각 12시 яг арван хоёр цаг
약 아르와 허여르 착

정말 무서웠어. Үнэхээр аймаар байсан.
운헤-르 애마-르 배상

정말 미안합니다 좀 늦었습니다.
Үнэхээр уулчаарай Жоохон хоцорчихлоо.
운헤-르 오-칠라-래 쩌-헝 허처르치흘러-

정말 기뻐. Үнэхээр баяртай.
운헤-르 바야르태

정말 어려워. Үнэхээр хүнд.
운헤-르 훈드

정말 완벽하군. Үнэхээр төгс.
운헤-르 툭스

정장 костюм
커스튬

정전 цахилгаан тасрах
차힐가-앙 타슬라흐

정지등 улаан гэрэл
올라-앙 게렐

정지하다 түр зогсоох
투르 적서-흐

정직한 үнэнч шударга
우넨치 쇼뜨락

정찰가격 тогтсон үнэ
턱트성 운

정책 бодлого
버뜰럭

정치 улс төр
올쓰 투르

정말 잘됐다. Үнэхээр сайн болж.
운헤-르 생 벌찌

정말 잘하시네요. Үнэхээр сайн байна шүү.
운헤-르 생 밴 슈-

정말 큰 도움을 주셨습니다.
Үнэхээр их том тусламцаа үзүүллээ.
운헤-르 이흐 텀 토쓸랄차- 우주-울레-

정말로 보지 못했다고요? Үнэхээр хараагүй?
운헤-르 하라-구이

정면에 있는 урд нүүрэнд байдаг
오르뜨 누-렌드 배닥

정부관계자 төрийн албан хаагч
투르잉 알방 하-그치

정상화시키다 хэвийн байдалд оруулах
헤위-잉 배딸드 어러-얼라흐

정치인 улс төрч
올쓰 투르치

정치적 힘 улс төрийн хүч
올쓰 투리-잉 후치

정확한 тодорхой
터떠르허

젖다 норох
너러흐

제단 тахилгын ширээ
타힐깅 시레-

제도 тогтолцоо
턱털처-

제목 сэдэв гарчиг
세뎁 가르칙

제발 гуйя
고이

제방 далан хаалт
달랑 하-알트

제비를 뽑다 шодох
셔더흐

제삿날 тахилгын өдөр
타힐라기-잉 우드르

제시하다 танилцуулах
타닐초-올라흐

제안하다 санал тавих
사날 타위흐

제일 높은 хамгийн өндөр
함기-잉 운드르

정신병원 сэтгэл мэдэрлийн эмнэлэг
세트겔 메떼를리-잉 에멜렉

정신이 돈 толгой нь эргэсэн
털거인 에렉승

정절 있는 ариун журамтай
아리옹 조람태

제 대신 안부를 전해 주세요.
Миний мэндийг дамжуулаарай.
미니- 멘디-끄 담조-올라래

ㅈ

제 말뜻 아시잖아요. Миний хэлсэн үгийн утгийг ойлгож байгаа биз дээ.
미니- 헬승 우기-잉 오트기-끄 어일거찌 배가- 비즈 데-

제 명함입니다. Миний нэрийн хуудас.
미니- 네리-잉 호-따스

제 발음은 별로 좋지 않아요. Миний дуудлага тийм сайн биш.
미니- 도-뜰락 티-임 생 비쉬

제 우산 가지세요. Миний шүхрийг ав.
미니- 슈흐리-끄 아우

제 전화번호 알고 있었어? Миний утасны дугаарыг мэдэж байсан юм уу?
미니- 오타쓰니 도가-리끄 메데찌 배상 유모-

제가 늘 말씀드렸잖아요. Би байнга хэлдэг байсан биз дээ.
비 뱅가 헬덱 배상 비즈 데-

제가 말한 것 알아 들으셨어요? Миний хэлснийг ойлгоснуу?
미니- 헬스니-끄 어일거스노-

제가 방금한 얘기 들었어요? Сая миний хэлснийг сонсов уу?
사이 미니- 헬스니-끄 선서보-

제가 정말 죄송해요. Намайг үнэхээр уучлаарай.
나매끄 운헤-르 오-칠라래

제자 шавь
샤우

제정하다 хууль тогтоох
호-올 턱터-흐

제조하다 үйлдвэрлэх
우일드웨를레흐

제출하다 гаргаж өгөх
가르가찌 우그흐

제한하다 хязгаарлах
햐즈가-를라흐

조개 хясаа
햐사-

조건 нөхцөл
누출

조국 эх орон
에흐 어렁

조금 жоохон
쩌-헝

조금 추운 жоохон хүйтэн
쩌-헝 휘텡

제가 함께 가겠습니다. Би хамт явъя.
비 함트 야위

제고하다 дахин бодож үзэх
다힝 버떠찌 우제흐

제공하다 ханган нийлүүлэх
한강 니-일루-울레흐

제사를 지내다 тахилга өргөх
타히락 우르그흐

제일 궁금한 хамгийн мэдэхийг хүсэх
함기-잉 메데히-그 후쎄흐

제일 슬픈 순간 хамгийн гунигтай үе
함기-잉 고닉태 우이

조금만 쉬다 жоохон амрах
짜-헝 아므라흐

조금씩 бага багаар
박 바가-르

조금의 жоохон
짜-헝

조류독감 шувууны ханиад
쇼보니- 하니아드

조미료 хоол амтлагч
허-얼 암틀락치

조사하다 судлах
소뜰라흐

조상 өвөг дээдэс
우웩 데-데스

조성하다 тохижуулах
터히쪼-올라흐

조심하다 болгоомжлох
벌거-엄질러흐

조용하다 чимээгүй
치메-구이

제일 친한 친구 хамгийн дотны найз
함기-잉 더트니 내쯔

제일 편리한(교통수단) хамгийн ая дөхтэй
함기-잉 아야 도흐태

조각 / 한 조각 хэлтэрхий/нэг хэлтэрхий
헬테르히-/넥 헬테르히-

조금 다치다 жоохон бэртэх
짜-헝 베르테흐

조금 있다가 жоохон байж байгаад
짜-헝 배찌 배가-드

조금 있다가 다시 올게.
Жоохон байж байгаад дахиад ирье.
짜-헝 배찌 배가-드 다햐드 이리

조용한	чимээгүй 치메–구이	조항	зүйл анги 주일 앙기
조용히 해.	чимээгүй хий. 치메–구이 히–	조화(종이꽃)	зохицол 저히철
조절하다	тохируулах 터히로–올라흐	족(식용)	гахайн шир 가행 쉬르
조정하다	шүүн таслах 슈–웅 타슬라흐	존경하다	хүндэтгэх 훈데트게흐
조직	байгууллага 배고–올락	존재하다	оршихуй 어르시호이
조치	арга хэмжээ 아락 헴제–	존중하다	хүндлэх 훈데들레흐
조카	үеэл 우엘	졸리다	нойрмоглох 너르먹러흐
조합	нэгдэл 넥델	졸업하다	сургуулиа төгсөх 소르고–올리아 툭스흐

조금 있으면 도착 할 거야. — Удахгүй хүрлээ.
오따흐구이 후를레–

조심해서 가. — Болгоомжтой яваарай.
벌거–엄질태 야와–래

조용하군. — Чимээгүй юм байна шүү.
치메–구이 윰 밴 슈–

ㅈ

좀 참아	Жоохон тэвч 쩌-헝 텝치	좁은(마음)	давчуу 답초-
좁다	нарийн 나리-잉	종(벨)	хонх 헝흐

조화를 이루다 — зохицолдоо бий болгох
저히철더- 비- 벌거흐

졸업하고 바로 여기로 오다
Сургуулиа төгсөөд шууд ийшээ ирэх
소르고-올리아 툭서-드 쇼-뜨 이-셰- 이레흐

좀 괜찮아졌어? — Одоо овоо гайгүй болсон уу?
어떠- 어우- 가이구이 벌스노-

좀 더 기다려보자. — Өшөө хүлээж үзье.
우셔- 훌레-찌 우지

좀 먹어 볼래요? — Жоохон идээд үз дээ?
쩌-헝 이데-드 우즈 데-

좀 더 싼 것이 있어요? — Өшөө хямд бий юу?
우셔- 햠드 비- 요

좀 비슷한 — жоохон ижилхэн
쩌-헝 이질흥

좀 빨리 할 순 없나?
Жоохон хурдан хийх арга байхгүй юу?
쩌-헝 호르땅 히-흐 아락 배흐구이 요

종교 шашин 샤싱

종기 хатиг, хавдар 하틱, 합다르

종류 төрөл 투룰

종업원(식당) ажилтан 아질탕

종이 цаас 차–쓰

종합 нэгтгэл 넥트겔

좋아하지 않다 дуртай биш 도르태 비쉬

좋다 гоё 고이

ㅈ

좀 심하네. арай хэтрүүлчихлээ. 아래 헤트루–울치흘레–

좀 있다가 봐. Жоохон байж байгаад уулзая. 쩌–헝 배찌 배가–드 오올지

좀 있다가, 집에 바래다주실래요?
Жоохон байж байгаад гэрт хүргээд өгнө үү?
쩌–헝 배찌 배가–드 게르트 친 후르게–드 우그누–

좀 작은 사이즈는 없나요?
Жоохон бага размер байхгүй юу?
쩌–헝 박 라즈메르 배흐구이 요

좋기만 하네. (반박) зүгээр л юм байна штээ. 주게–를 욤 밴 시테–

좋아하는 물건 дуртай эд зүйл 도르태 에드 주일

좋아하다 дуртай
도르태

좋은 сайн
생

좋은 소식 сайхан мэдээ
새항 메데-

죄 гэм буруу, нүгэл
겜 보로-, 누겔

좋아하는지 아닌지 дуртай юм уу дургүй юм уу
도르태 유모- 도르구이 유모-

좋아하셨으면 좋겠네요.(선물주면서)
Дуртай байсан бол сайн байна.
도르태 배상 벌 생 밴

좋은 결과를 얻다 Сайн үр дүнд хүрэх
생 우르 둔드 후레흐

좋은 날씨 Сайхан цаг агаар
새항 착 아가-르

좋은 성적을 거두다 Сайн дүн авах
생 둥 아와흐

좌석번호는 몇 번 이예요? Суудлын дугаар хэд вэ?
소-뜰링 도가-르 헤뜨 웨?

좌회전금지 зүүн гар тийш эргэхийг хорьгилох
주-웅 가르 티-셰 에르게히-끄 허리길러흐

좌회전하다 зүүн гар тийш эргэх
주-웅 가르 티-셰 에르게흐

죄 없는 гэм буруугүй, нүгэлгүй,
겜 보로-구이, 누겔구이

주(날짜) долоо хоног
덜러- 허넉

주고받다 өгч авах
욱치 아와흐

주관(자아) өөрийн бодол
어-리-잉 버떨

주근깨 сэвх
셉흐

주기(시기) эргэлт
에르겔트

주기적인 эргэлттэй
에르겔트테

주다 өгөх
우그흐

주된 гол
걸

주름(얼굴) үрчлээ
우르칠레-

주말에 хагас бүтэн сайнд
하가스 부텡 샌드

주머니 халаас
할라-쓰

주목하세요 анхаарна уу
앙하-르노-

주문하다 захиалах
자할라흐

주민 иргэн
이르겡

죄송합니다만, 이름을 알 수 있을 까요? Уучлаарай
오-칠라-래
нэрийг тань мэдэж болохсон бол уу?
네리-끄 탄 메데찌 벌러허성 벌로-

주말 долоо хоногийн сүүл
덜러- 허너기-잉 수-울

주민등록증 иргэний үнэмлэх
이르게니- 우넴레흐

ㅈ

주방장	ахлах тогооч 아흘라흐 터거-치	
주변	сэхээ самбаа 세헤- 삼바-	
주변에	эргэн тойронд 에르겡 터런드	
주부	гэрийн эзэгтэй 게리-잉 에젝테	
주사	тарилга 타릴락	
주석(대통령)	тэргүүн 테르구-웅	
주석을 달다	зүүлт хийх 주-울트 히-흐	
주소	хаяг 하약	
주시하다	ажиглах 아직라흐	
주식	хувьцаа 홉차-	
주어	өгүүлэгдэхүүн 우구-울렉데후-웅	
주유비	аялалын зардал 아얄랄링 자르딸	
주의 깊게	анхааралтай 앙하-랄태	
주의하다	анхаарах 앙하-라흐	
주인	эзэн 에젱	
주장(축구)	багийн ахлагч 바기-잉 하흘락치	
주전자	данх 당흐	
주제	сэдэв 세뎁	
주차장	машины зогсоол 마시니 적서-얼	
주차하다	машин тавих 마싱 타위흐	

주사는 필요 없어요. Тариа хэрэггүй.
타리아 헤렉구이

주체	гол зүйл 걸 주이
주택	орон байр 어렁 배르
주택난	орон байргүй 어렁 배르구이
죽다	үхэх 우헤흐
죽순	хулсны сүв 홀스니 숩
죽음	үхэл 우헬
준비하다	бэлдэх 벨데흐
줄	утас 오타쓰
줄(늘어선)	оочир 어-치르
줄서다	ойчирлох 어이치를러흐
줄서세요	ойчирлоно уу 어이치를르노-
줄이다	багасгах 박스가흐
중국	хятад 햐타드
중국어	хятад хэл 햐타드 헬
중독되다	донтох 던터흐
중량	хүндийн жин 훈디-잉 징

주인이 없으니까 서비스가 엉망이네. Эзэн нь байхгүй учраас үйлчилгээ нь аймар байна.
에젱은 배흐구이 오치라-쓰 우일칠겐- 애마르 밴

준결승 хагас шигшээ тоглолт
하가스 식세- 터글럴트

중량초과	даац хэтрэх 다-츠 헤트레흐	중추절	ургацын баяр 오르가칭- 바야르
중병의	хүнд өвчин 훈드 웁칭	중학교	дунд сургууль 돈드 소르고-올
중심 센터	гол төв 걸 툽	쥐	хулгана 홀간
중앙	төв 툽	쥐다	атгах 아트가흐
중요하지 않다	чухал биш 초할 비쉬	쥐띠	хулгана жил 홀간 질
중요한	чухал 초할	즉시	шууд, дорно 쇼-뜨, 더르너
중죄	хүнд гэмт хэрэг 훈드 겜트 헤렉	즐거운	баяр хөөртэй 바야르 후-르테

중년을 지난	хичээж нас өнгөрсөн 히체-찌 나쓰 웅구르승
중소기업	жижиг дунд үйлдвэр 찌찍 돈드 우일드웨르
중요하게 여기다	чухалд үзэх 초할드 우제흐
쥐(근육의 경련)	шөрмөс татах 슈르무스 타타흐

즐겁다	хөгжилтэй 훅질테	증인	гэрч 게르치
즐기다	зугаацах 조가-차흐	증정품	өргөх зүйл 우르구흐 주일
증가하다	өсөх 우쓰흐	증정하다	өргөн барих 우르궁 바리흐
증권	үнэт цаас 운트 차-쓰	증조부	элэнц өвөг 엘렌츠 우웩
증명하다	нотлох 너틀러흐	지갑	түрийвч 투리-입치
증발시키다	ууршуулах 오-르쇼-올라흐	지겹네	залхамаар 잘하마-르
증서	бичиг баримт 비칙 바림트	지구	бөмбөрцөг дэлхий 붐북축 델히-

쥐어박다 — нударга зангидах
노따락 장기다흐

즐거운 여행 되세요. — Хөгжилтэй аялаарай.
훅질테 아얄라-래

즐거웠어? — Хөгжилтэй байсан уу?
훅질테 배쓰노-

즐겁기를 바랍니다
Хөгжилтэй цаг өнгөрүүлэхийг хүсье.
훅질테 착 웅그루-울레히-끄 후쓰이

ㅈ

지금	одоо, сая 어떠, 사이	지금 바로	одоо шууд 어떠– 쇼–뜨
지금 말고	одоо биш 어떠 비쉬	지나가다	өнгөрөх 웅그르흐

지구온난화현상 — дэлхийн дулаарал
델히–잉 돌라–랄

지금 가는 길이예요. — Одоо явж байна.
어떠 얍찌 밴

지금 몇 시예요? — Одоо хэдэн цаг болж байна?
어떠– 헤뜽 착 벌찌 밴

지금 비와? — Одоо бороо орж байна уу?
어떠– 버러– 어르찌 배노–

지금 어디에 있어요? — Одоо хаана байна?
어떠– 하–안 밴

지금 제가 일이 좀 있어서요.
Одоо би жоохон ажилтай байна.
어떠– 비 쩌–헝 아질태 밴

지금 필요해? — Одоо хэрэгтэй юу?
어떠– 헤렉테 요

지금 회사를 운영하고 있다.
Одоо компани байгуулаад ажиллаж байна.
어떠– 컴파니 배고–올라–드 아질라찌 밴

지나간	өнгөрсөн 웅구르승	지능	оюун ухаан 어융 오하-앙
지나치다	хэтрэх 헤트레흐	지다	ялагдах 얄락다흐
지난달	Өнгөрсөн сар 웅구르승 사르	지다(해)	нар жаргах 나르 자르가흐

지금까지 말한 적이 없다.
Одоог хүртэл хэлж байсан удаагүй.
어떠그 후르텔 헬찌 배상 오따-구이

지금은 알아들으시겠어요? Одоо ойлгож байна уу?
어떠- 어일거찌 배노-

지금은 익숙해졌어요. Одоо дасчихсан.
어떠- 다스치흐상

지금은 통화 중이예요. Одоо утсаар ярьж байна.
어떠- 오트싸-르 야리찌 밴

지금은 편하지 않아 내가 나중에 다시 전화할게.
Одоо тохиромжгүй байна. Би дараа залгая.
어떠- 터히럼지구이 밴 비 다라- 잘가이

지나서 / 이십분이 지나서
өнгөрөөд/хорин минут өнгөрөөд
웅그러-드/허링 미노트 웅그러-드

지난 한 해 동안 수고 많으셨습니다.
Өнгөрсөн жилийн турш их хичээн зүтгэлээ.
웅구르승 질리-잉 토르쉬 이흐 히체-엔 주트겔레-

ㅈ

지도(지리)	газрын зураг 가즈링 조락	지방	орон нутаг 어렁 노탁
지루한	залхуутай 잘호-태	지불하다	төлбөр хийх 툴부르 히-흐
지루해요	залхуутай 잘호-태	지붕	дээвэр 데-웨르
지름길	дөт зам 두트 잠	지수	индекс 인덱스
지리	газар зүй 가자르 주이	지시	заавар 자-와르
지명하다	нэр цохох 네르 처허흐	지식	мэдлэг 메뜰렉

지난번 일에 대해 안타깝게 생각해.
Өнгөрсөн удаагийн ажилд их харамсаж байна.
웅구르승 오따기-잉 아질드 이흐 하람사찌 밴

지난주
Өнгөрсөн долоо хоног
웅구르승 덜러- 허넉

지름길을 알아.
Дөт зам мэднэ.
두트 잠 메든

지방자치단체
орон нутгийн өөртөө засах байгууллага
어렁 노트기-잉 어-르터- 자싸흐 배고-올락

지역 бүс нутаг
부쓰 노탁

지우개 баллуур
발로-르

지원 хүсэлт
후쎌트

지저분한 бохир заваан
버히르 자와-앙

지적인 илчлэх
일칠레흐

지점 салбар дэлгүүр
살바르 델구-르

지정하다 тогтох
턱터흐

지지하다 дэмжлэг
뎀질렉

지진 газар хөдлөлт
가자르 후뜰를트

지키다 хамгаалах
함가-알라흐

지탱하다 түших
투쉬흐

지하땅굴 газар доорх агуй
가자르 터-르흐 아고

지형 газрын дүрс
가즈링 두르쓰

지휘하다 удирдах
오띠르다흐

직무 албан үүрэг
알방 우-렉

직속(의) шууд харьяа
쇼-뜨 하리야

직업 ажил, мэргэжил
아질, 메렉질

직원 ажилтан
아질탕

직장(일터) ажлын газар
아질링 가자르

직접 шууд
쇼-뜨

지사제 гүйлгэхэд уудаг эм
구일게흐에드 오-닥 엠

ㅈ

직접 눈으로 шууд нүдрүү
쇼-뜨 누드루-

직진하다 чигээрэй явах
치게-레 야와흐

진공펌프 вакум насос
와콤 나써스

진드기 хачиг
하칙

진보하다 ахиц дэвшил
아히치 뎁실

진찰실 үзлэгийн өрөө
우즐레기-잉 우러-

진찰하다 үзлэг хийх
우즐렉 히-흐

진통제 өвчин намдаах эм
웁칭 남다-흐 엠

진한(맛, 색) өтгөн
우트긍

진화하다 гал унтраах
갈 온트라-흐

직접 묻지 않다 шууд асуугаагүй
쇼-뜨 아소-가-구이

직장은 오페라하우스 근처에요.
Ажил дуурь бүжгийн театрын ойр байдаг.
아질 도-르 부지기-잉 띠아트링 어르 배닥

직접 건네주다 шууд гаргаж өгөх
쇼-뜨 가르가찌 우그흐

직접 그렇게 말하진 않았지만
Шууд тэгэж хэлээгүй ч
쇼-뜨 테게찌 헬레-구이 치

진공청소기 вакум цэвэрлэгч
와콤 체웨를렉치

진흙 шавар 샤와르

질문 асуулт 아소-올트

질문하다 асуух 아소-흐

질투하다 хардалт 하르달트

짐 ачаа 아차-

짐작 таамаг 타-막

진료기록 эмчилгээний тэмдэглэл 엠칠게-니- 템데글렐

진료접수하다 эмчил үүлэхээр бүртг үүлэх 엠칠루-울레헤-르 부르트구-울레흐

진실을 말 할 거야. үнэнийг хэлнэ. 우네니-끄 헬른

진실을 말하다 үнэнээ хэлэх 우네네- 헤레흐

진입금지 нэвтрэхийг хориглоно 넵트레히-끄 허릭른

진정하라고(말릴 때) тайвшир. 테우시르

진짜 바보 같네. үнэхээр мангар юм аа. 운헤-르 망가르 유마-

진행하다 үргэлжл үүлэн явуулах 우르겔질루-릉 야오-올라흐

ㅈ

짐작하기에	таамагаар бол 타-마가-르 벌
집	гэр 게르
집(단층)	байшин 배싱
집근처에	гэрийн ойр 게리-잉 어르
집부터	гэрээс хэлээд 게레-쓰 헬레- 드
집에 놀러와.	гэрт ирээрэй. 게르트 이레-레
집에서 가까운	гэрт ойрхон 게르트 어르헝
집주인	гэрийн эзэн 게리-잉 에쩽
집중하다	төвлөрөх 툽루르흐
집행하다	гүйцэтгэх 구이체트게흐

질리지 않아 — залхахгүй байна уу
잘하흐구이 배노-

짐은 어떻게 보내요? — Ачаагаа яаж явуулах вэ?
아차-가- 야찌 야오-올라흐 웨

집 생각이 나시죠? — Гэрээ санаж байна уу?
게레- 사나찌 배노-

집 주소 알려 줄 수 있어요?
Гэрийнхээ хаягийг хэлж болох уу?
게리-잉헤- 하야기-끄 헬찌 벌러호-

집근처 수퍼마켓 — гэрийн ойрхон супер маркет
게리-잉 어르헝 소페르 마르켇

집까지 걷다 — гэр хүртэл алхах
게르 후르텔 알하흐

집회	цуглаан хурал 초글라-앙 호랄	
징후(병)	шинж тэмдэг 신지 템덱	
짜다(직물)	нэхэх сүлжих 네헤흐 술찌흐	

짜증나다	уурлах 오-릴라흐
짠(맛)	шорвог 셔르웍
짧은	богин 버깅

ㅈ

집밖을 나가지 않다

гэрээс битгий гар
게레-쓰 비트기- 가르

집에 두었다

гэртээ орхичихсон
게르테- 어르히치흐성

집으로 곧장 가다

гэрл үүгээ шууд явах
게르루-게- 쇼-뜨 야와흐

집은 어디 예요?

Гэр чинь хаана вэ?
게르 친 하-안 웨

집주인에게 연락해서 약속 좀 잡아줘.
Гэрийн эзэнтэй холбоо бариад цаг товлоод өг.
게리-잉 에쩬테 헐버- 바리아드 착 터블러-드 욱

집주인에게 항의하러 전화했다.

Гэрийн эзэнд
게리-잉 에쩬드
эсэргүйцэж байгаагаа хэлэх гэж утсаар ярьсан.
에쎄르구이체찌 배가-가- 헬레흐 게찌 오트싸-르 야리상

집중하세요

Анхаарлаа
앙하-를라-

짧은 머리 богин үс
버긴 우쓰

쫓다 хүүх зайлуулах
후-흐 잴로-올라흐

쭉 보다 гүйлгэн харах
구일긍 하라흐

찌르다 хатгах
하트가흐

찢어지다 урагдах
오락다흐

집중할 수 없어요
Анхаарлаа төвлөрөөлж чадахгүй байна.
앙하-를라-, 투블룰루-찌 차따흐구이 밴

집집마다 집 스타일이 똑같아서 놀랐어.
Айл болгоны байшингууд нь ижил загвартай
애일 벌거니 배싱고-든 이질 자그와르태
байсан учраас их гайхсан.
배상 오치라-쓰 이흐 가해상

짧게 자르다 богинохон тайрах
버긴헝 태라흐

쭉 가세요 꺾지 마시고요.
Чигээрэй яваарай хажуу тийшээ эргэлгүй.
치게-레 야와-래 하쪼- 티-셰- 에르겔구이

ㅊ

차(교통) машин
마싱

차(음료) цай
채

차고 гараж
가라지

차다 өшиглөх
우식르흐

차례(행사) дэс дараа
데쓰 다라-

차를 끓이다 цай буцалгах
채 보찰가흐

차별하다 ялгаварлах
얄가와를라흐

차용하다 зээлдэх
제-엘데흐

차(음료) 준비 됐나요? Ундаа бэлэн болсон уу?
온따- 벨릉 벌스노-

차례대로 дэс дараалалаарай
데쓰 다라-랄라-래

차를 꼭 갈아타야 하나요?
Заавал унаанд сольж суух хэрэгтэй юу?
자-왈 오나-안드 설찌 소-흐 헤렉테 요

차를 운전하다 машин барих
마싱 바리흐

차마 볼 수 없다 тэвчихийн аргагүй.
텝치히-잉 아락구이

차에서 내리다 машинаас буух
마시나-쓰 보-흐

차이 ялгаа
얄가–

차지하다 эзлэх
에즐레흐

착륙하다 газардах
가자르다흐

착한 цайлган
챌강

찬란한 гялалзах
갈랄자흐

찬성하다 зөвшөөрөх
줍슈–르흐

찬성할 것이다 зөвшөөрнө
줍슈–른

참가하다 оролцох
어럴처흐

참고하다 харгалзан үзэх
하르갈장 우제흐

참기 어려운 тэвчих хэцүү
텝치흐 헤추–

참다 тэвчих
텝치흐

참여하다 оролцох
어럴처흐

찹쌀 наанга будаа
나–안기 보따–

창문 цонх
청흐

찰떡궁합커플 санаа бодол сайн таардаг хос
사나 번덜 생 타르닥 허스

창구 / 2번 창구
үйлчилгээний цонх/ хоёрноймрын цонх
우릴칠개–니– 청흐/허여르 너미링 청흐

창문 닫아 주세요. Цонх хааж өгөөч.
청흐 하–찌 우거–치

창문을 열다 цонх онгойлгох
청흐 엉걸거흐

창백하다	хувхай цагаан 호위해 차가-앙		채가다	булаах 볼라흐
창조하다	бүтээх 부테-흐		채권	авлага 아울락
창피한	ичмээр 이치메-르		채소	ногоо 너거-
찾아내다	эрж олох 에르찌 얼러흐		채식하다	цагаан хоол 차가-앙 허-얼
찾아볼게.	хайж үзье. 해찌 우지		책	ном 넘
찾을 수 있다	хайж чадна 해찌 차뜬		책과 신문	ном ба сонин 넘 바 서닝

찾다/잘 찾아보세요.	хайх/Сайн хайгаад үз. 해흐/생 해가-드 우즈
찾아보려고 (시험 삼아)	хайгаад үзэх гээд 해가-드 우제흐 게-드
찾지 못 하다	хайж чадахгүй 해찌 차따흐구이
책 사다 주실 수 있으세요?	Ном авч өгч чадах уу? 넘 압치 욱치 차뜨호-
책 좀 빌려줘.	Номоо зээлд үүлээч. 너머- 제-엘두-울레-치

ㅊ

책꽂이	номын тавиур 너밍 태위오르	처리하다	янзлах 얀즐라흐
책상	ширээ 시레-	처방전	жор 저르
책임자	хариуцагч 하리오착치	처신하다	биеэ авч явах 비예 아우치 야와흐
책잡다	буруушаах 보로-샤-흐	처음부터	эхнээсээ 에흐네-쎄-
챔피언	аврага 아우락	처음으로	анх удаа 앙흐 오따-
처럼 생긴	шиг царайтай 식 차래태	천(숫자)	мянга 미양가

책임감	хариуцлагаа ухамсарлах сэтгэл 하리올츠라가- 오함사를라흐 세트겔
책임지다	хариуцлага үүрэх 하리오촐락 우-레흐
처음 몽골에 왔을 때는	анх монголд ирэхэд 앙흐 멍걸드 이레헤드
처음부터 끝까지	эхнээсээ дуустал 에흐네-쎄- 도-스탈
천천히 말씀해 주세요.	Удаан хэлж өгөөч. 오따-앙 헬찌 우거-치

천둥 аягна 아야간

천만에요. Зүгээр. 쭈게-르

천연재료 байгалаараа 배갈라-라-

천장 тааз 타-즈

천정팬 сэнс 센스

천천히 удаан 오따-앙

철(금속) төмөр 투므르

철도 төмөр зам 투므르 잠

첩 боодол 버-떨

첫 번째 нэгдүгээр 넥두게-르

첫사랑 анхны хайр 앙흐니 해르

청년시절 залуу нас 잘로 나쓰

청바지 жинсэн өмд 진승 움드

청소하다 цэвэрлэх 체웨를레흐

철도역 төмөр замын буудал 투므르 자밍 보-딸

첫사랑은 이루어지지 않는다.
Анхны хайр биелдэггүй.
앙흐니 해르 비일덱구이

청년단 залуучуудын байгууллага 잘로-초-딩 배고-올락

청량음료 хийжүүлсэн ундаа 히-쭈-울승 온다-

ㅊ

청하다 хүсэх
후쎄흐

체계 систем тогтолцоо
시스템 턱털처-

체력 биеийн хүч
비-잉 후치

체스 шатар
샤타르

체육 биеийн тамир
비-잉 타미르

체제 байгууламж
배고-올람지

체중계 жинлүүр
진루-르

체하다 хоолонд хордох
허-얼런드 허르더흐

초(시간) секунд
세콘드

초과하다 хэтрэх
헤트레흐

초대 урих
오리흐

초대장 урилга
오릴락

청소할 사람을 찾아 놨어요.
Цэвэрлэгээ хийх хүн олчихсон.
체웨를레게- 히-흐 훙 얼치흐성

체온을 재 봅시다.
Биеийн халууныг хэмжиж үзэцгээе.
비-잉 할로-니 헴지찌 우제츠게-

체크무늬의 дөрвөлжин хээ
두르웰징 헤-

초대장이 있어요. урилга байгаа.
오릴락 배가-

초등학교	бага сургууль 박 소르고-올	총자본	нийт хөрөнгө 니-트 후릉거
초록색	ногоон өнгө 너거-엉 웅그	총탄	бууны сум 보-니 솜
초목	өвс мод 움스 머드	총합계	нийт нийлбэр 니-트 니-일베르
초상(얼굴)	гашуудал 가쇼-딸	최근	хамгийн сүүлийн 함기-잉 수-울리-잉
초안	эх 에흐	최대	хамгийн 함기-잉
초인종	хонх 헝흐	최선	хамгийн сайн 함기-잉 생
촉진하다	анхны үзлэг 앙흐니 우즐렉	최소	хамгийн бага 함기-잉 박
총	нийт 니-트	최신의	хамгийн шинэ 함기-잉 신

최고기온 хамгийн өндөр агаарын хэм
함기-잉 운드르 아가-링 헴

최선을 다해 도와 드릴게요.
Бүхнээ дайчлан тусална.
부흐네- 대칠랑 토쌀른

최선을 다해 бүхнээ дайчлах
부흐네- 대칠라흐

ㅊ

최초 анх, эхэн
앙흐, 에헹

최후 хамгийн сүүлч
함기-잉 수-울치

추가하다 нэмэлт
네멜트

추상적인 хийсвэр
히-쓰웨르

추석 ургацын баяр
오르가칭 바야르

추억 дурсамж
도르쌈지

추운 хүйтэн
휘텡

추워지다 хүйтэн болох
휘텡 벌러흐

추첨 сугалаа
소갈라-

추측하다 тааварлах
타-와를라흐

축구 хөл бөмбөг
훌 붐북

축구선수 хөл бөмбөгчин
훌 붐북칭

최저기온 хамгийн бага темпиратур
함기-잉 박 템피라토르

최종점수 хамгийн сүүлийн оноо
함기-잉 수-울리-잉 어너-

추석까지 있으실 건가요?
Ургацын баяр хүртэл байх уу?
오르가칭 바야르 후르텔 배호-

추측할 수 없어요. таахын аргагүй.
타-힝 아락구이

축구 경기를 하다 Хөл бөмбөгийн тэмцээн
훌 붐부기-잉 템체-엥

축제 баяр наадам
바야르 나-담

축축한 чийглэг
치-글렉

축하하다 баяр хүргэх
바야르 후르게흐

축하해 баяр хүргэе
바야르 후르기

축하해요 баяр хүргэе
바야르 후르기

출구 гарах хаалга
가라흐 하-알락

출근시간 ажилд явах цаг
아질다- 야와흐 착

출발 хөдлөх
후뜰르흐

축구 보고 있나봐.
Хөл бөмбөг үзэж байгаа юм шиг байна.
훌 붐북 우제찌 배가- 윰 식 밴

축구경기 хөл бөмбөгийн тэмцээн
훌 붐부기-잉 템체-엥

축구라면 아주 미치지!
Хөл бөмбөг гэхээр галзуурдаг.
훌 붐북 게헤-르 갈조-르닥

축구장 хөл бөмбөгийн талбай
훌 붐부기-잉 탈배

축구팀 хөл бөмбөгийн баг
훌 붐부기-잉 박

축제일 баяр наадмын өдөр
바야르 나-드밍 우드르

ㅊ

출발점 гараа
가라-

출발하다 хөдлөх
후뜰르흐

출입국 орж гарах
어르찌 가라흐

출현하다 гарч ирэх
가르치 이레흐

춤추다 бүжиглэх
부직레흐

충고 зөвлөгөө
주블르거-

충고하다 зөвлөгөө өгөх
주블르거- 우그흐

충분하다 хангалттай
항갈트태

출근할 시간이 되었다. Ажилдаа явах цаг болсон.
아질다- 야와흐 착 벌성

출생증명서 төрсний гэрчилгээ
투르스니- 게르칠게-

출입국을 하기 위해서는 어떤 수속을 해야 하나요?
Орж гарахын тулд хаана бүртгүүлэх ёстой вэ?
어르찌 가라힝 톨드 하-안 부르트구-울레흐 여쓰터 웨

출장가다 томилолтоор явах
터밀럴터-르 야와흐

출판사 хэвлэлийн компани
헤블렐리-잉 컴파니

춤을 잘 추다 сайн бүжиглэх
생 부직레흐

충분하지 못한 хангалттай бус
항갈트태 보쓰

충분한	ханга лттай 항갈트태	치약	шүдний оо 슈드니- 어-
충성	үнэнч 우넨치	친구	найз 내쯔
충전하다	цэнэглэх 체넥레흐	친구가 되다	Найз болох 내쯔 벌러흐
취미	сонирхол, хобби 서니르헐, 호삐	친근한	ойр дотно 어르 더트너
취하다	согтох 석터흐	친동생	төрсөн дүү 투릉 두-
취했어	согтсон 석트성	친밀한	дотно нөхөрсөг 더트너 누흐르슥
층	давхарга 답하를락	친선	нөхөрлөл 누흐를를
치료하다	эмчлэх 엠칠레흐	친애하는	хайрт 해르트
치마	банзал, юбка 반잘, 유펙	친절한	эелдэг 엘덱

치료학요법(의학) эмчиллэх арга
엠칠레흐 아락

친구 집에 가려고요.
Найзынхаа гэрт очих гэж байна.
내찡하- 게르트 어치흐 게찌 밴

ㅊ

친척	хамаатан 하마-탕	칠십	дал 달
친하다	ойр дотно 어흐 더트너	칠월	долоон сар 덜러-엉 사르
친한 사람	дотно хүн 더트너 훙	칠판	самбар 삼바르
친한 친구	дотно найз 더트너 내쯔	칠하다	будах 보따흐
친해지다	дотносох 더트너서흐	침대	ор 어르
칠(미술)	будаг 보딱	침략하다	булаан эзлэх 볼라-앙 에즐레흐
칠(숫자)	долоо 덜러-	침술	зүү эмчилгээ 주- 엠칠게-

친절한 환대에 감사합니다.
Эелдэгээр баяртай угтаж авсанд баярлалаа.
엘데게-르 바야르태 옥타찌 압상드 바야를라

친척을 방문하다 — хамаатныдаа зочлох
하마-트니다- 처칠러흐

친할아버지 — аавын аав, өвөө
아-윙 아-우, 우웨-

칠판지우개 — самбарын алчуур
삼바링 알초-르

침실 унтлагын өрөө
온틀라깅 우러-

침울한 зовиуртай
저위오르태

침착한 тайван
태왕

칫솔 шүдний сойз
슈드니- 서이쯔

칭찬하다 магтах
막타흐

침대시트 орны цагаан хэрэглэл
어르니 차가-앙 헤렉렐

ㅊ

ㅋ

카드(게임) хөзөр
후주르

카드를 섞다 хөзөр холих
후주르 헐리흐

카드를 치다 хөзөр тоглох
후주르 터글러흐

카메라 камер
카메르

카세트 кассет
카세트

카탈로그 катлог
카틀록

칵테일 коктейл
컥테일

칼 хутга
호딱

칼라사진 өнгөт зураг
웅그트 조락

캐나다 канад
카나드

캐묻다 ухаж асуух
오하찌 아소-흐

캔 맥주 лаазтай пиво
라-즈태/피워

카드 충전해주세요 (핸드폰)
Карт цэнэглээд өгнө үү.
카르트 체넥레-드 우그누-

카드(신용카드)를 정지시키다 Тооцооны карт хаах
터-처-니 카르트 하-흐

카탈로그를 보여주세요. катлог үзүүлээч.
카틀록 우주-울레-치

캔 / 맥주 3 캔 лаазтай/Пиво гурван лааз
라-즈태/피워 고르왕 라-즈

캠퍼스(학용품) кэмпос
켐퍼스

커튼 хөшиг
후식

커플 хос
허쓰

커피 кофе
커페

컬러 프린터기 өнгөт принт
웅그트 프린트

컴퓨터 компьютер
컴퓨테르

커서(전산) компьютерийн курсор
컴퓨테리-잉 코르서르

커피 준거 고마워. Кофе өгсөнд баярлалаа.
커페 욱슨드 바야를라

커피 탔어요? Кофе найруулсан уу?
커페 내로-올스노-

커피가 진해요. Кофе өтгөн байна.
커페 우트긍 밴

커피를 컴퓨터에 쏟았어.
Кофе компьютер дээр асгачихсан.
커페 컴퓨데르 데-르 아스가치흐상

컴퓨터 공학(전산) компьютер инженер
컴퓨테르 인제네르

컴퓨터가 너무 느리다 компьютер маш удаан
컴퓨테르 마쉬 오따-앙

컴퓨터가 이상해. Компьютер хачин байна.
컴퓨테르 하칭 밴

ㅋ

컵	аяга 아약	코를 골다	хурхирах 호르히라흐
컵라면	савтай гоймон 삽태 고멍	코를 풀다	нусаа нийх 노싸- 히-흐
케이크	тоорт 터-르트	코트	пальто 팔터
켜다(기계)	асаах 아싸-흐	콘돔	гондом 건덤
코	хамар 하마르	콜라	колла 컬라
코 고는 소리	хурхирах дуу 호르히라흐 도-	콧물이 나다	нус гойжих 노쓰 고이찌흐
코가 헐다	хамар шархлах 하마르 샤르할라흐	콧수염	хамрын үс 하므링 우쓰
코끼리	заан 자-앙	크게 말하다	чанга ярих 창가 야리흐

컴퓨터로 놀다 (게임등)	компьютерээр тоглох 컴퓨테레-르 터글럴흐
켤레 / 운동화 1 켤레	хос/Пүүз нэг хос 허쓰/푸-즈 넥 허쓰
코가 막히다	хамар битүүрэх 하마르 비투레흐

크기 өндөр
운드르

크다 өндөр
운드르

크리스천 христчэн
히리스트첸

큰 목소리로 чанга дуугаар
창가 도-가-르

큰길에서 том зам дээр
텀 잠 데-르

클럽 клуб
클롭

클립 клип
클립

키보드 компьютерийн гар
컴퓨테리-잉 가르

키스하다 үнсэх
운세흐

킬로미터 километр
킬로메트르

크게 말씀하세요. чанга ярина уу.
창가 야리노-

큰소리로 환호하다 чанга дуугаар уухайлах.
창가 도-가-르 오-핼라흐

키가 보통이다 Өндөр намаараа дундаж
운드르 나마-라- 돈다찌

키가 어떻게 되세요? Өндөр чинь хэд вэ?
운드르 친 헤뜨 웨?

키가 작다 намхан нуруутай
남항 노로-태

키가 크다 өндөр нуруутай
운드르 노로-태

ㅋ

키친타월

галтогооны том салфетка
갈터거-니 텀 살페특

ㅌ

타다 (불에) **шатах** 샤타흐

타다 **унах** 오나흐

타당하다 **зүй зохис** 주이 저히스

타이어 **хаймар дугуй** 해마르 도고이

타이틀 **нэр, цол** 네르, 철

타이핑하다 **шивэх** 쉬웨흐

타조 **тэмээн хяруул** 테메-엥 햐로-올

타진하다 **чагнах** 차그나흐

탁구 **ширээний теннис** 시레-니- 테니스

탁월한 **гарамгай** 가람개

탈출하다 **зайлан гарах** 잴랑 가라흐

탑(건축) **цамхаг** 참학

탑승시간 **суух цаг** 소-흐 착

태국 **Тайланд** 타일란드

탄내가 나다 **түлэнхий үнэр** 툴렝히- 우네르

탄밥, 누룽지 **будааны хусам** 보따-니 호쌈

어느 정류장에서 내려야해요?
Аль автобусны буудал дээр буух вэ?
알 아우터보스니 보-딸 데-르 보-흐 웨

태권도	тэквондо 테권도	턱	эрүү 에루–
태양	нар 나르	턱수염	эрүүний сахал 에루–니– 사할
태어나다	төрөх 투르흐	테니스	теннис 테니스
태연하게	амгалан 암갈랑	테마	гарчиг 가르칙
태풍	хар салхи 하르 살리흐	테스트하다	шалгах 샬가흐
택시	такси 탁시	테이블	ширээ 시레–

몇 번 버스를 타야 해요?
Хэдэн номерын автобусанд суух хэрэгтэй вэ?
헤뜽 너메링 아우터보산드 소–흐 헤렉테 웨

태극기 өмнөд солонгосын төрийн далбаа
우므누드 설렁거싱 투리–잉 달바–

태도 биеэ авч яваа байдал
비에– 압치 야와– 배딸

텔레비전 볼륨 좀 줄여주세요.
Телевизорынхоо дууг жоохон багасгаад
텔레비저링허– 도–그 쩌–헝 박스가–드
өгнө үү.
우그누–

테이프 кассет
카세트

토끼 туулай
토-올래

토라지다 тунирхах
토니르하흐

토론하다 хэлэлцэх
헬렐추-울렉

토마토 улаан лооль
올라-앙 로-올

토요일 бямба гариг
뱌바 가릭

토의하다 зөвшилцөл
줍실출

톤(무게) тоон
터-언

통 торх, сав
터르흐, 삽

통계(상)의 тоо бүртгэл
터-부르트겔

통과하다 нэвтрэх
넵트레흐

통관 гаалиар нэвтрэх
가-알리아르 넵트레흐

통관하다 гаалиар нэвтрэх
가-알리아르 넵트레흐

통상(보통) гадаад худалдаа
가따-드 호딸다-

통속의 бүлэг хамсаа
불룩 함사-

통신원 харилцаа холбоо
하릴차- 헐버-

텔레비전 좀 보게 가만히 있어요.
Телевизор үзмээр байна зүгээр бай.
텔레비저르 우즈메-르 밴 쭈게-르 배

텔레비전을 보고 있어요. Телевизор үзэж байна.
텔레비저르 우제찌 밴

텔레비전을 보면서 телевизор үзэнгээ
텔레비저르 우젠게-

통역(사람) орчуулагч
어르초-올락치

통역하다 орчуулах
어츠초-올라흐

통일하다 нэгтгэх
넥트게흐

통통하다 бондогор
번더거르

퇴근시간 ажил тарах цаг
아질 타라흐 착

투명한 тунгалаг
통갈락

투어하다 тойрон аялах
터이렁 아얄라흐

투자자 хөрөнгө оруулагч
후릉거 어로-올락치

투자하다 хөрөнгө оруулах
후릉거 어로-올라흐

투쟁하다 тэмцэл
템첼

투창 жад шидэх
자뜨 쉬데흐

투표하다 санал хураалт
사날 호라-알트

튀기다 шарах
샤라흐

트윈룸 твин өрөө
트윈 우러-

통화중이다. Утсаар ярж байна.
오트사-르 야리찌 밴

투명한 파랑색 우비
тунгалаг цэнхэр өнгөтэй борооны цув
통갈락 쳉헤르 웅그테 버러-니 촙

투자법(법률) хөрөнгө оруулалтын хууль
후릉거 어로-올랄팅 호-올

투자액 хөрөнгө оруулсан мөнгөн дүн
후릉거 어로-올상 뭉궁 둥

특별한	онцгой 언츠거	티슈	салфетка 살페트카
특징	онцлог 언출럭	티켓	тасалбар 타살바르
틀니	хиймэл шүд 히-멜 슈드	팀 / 두 팀	баг/хоёр баг 박/허여르 박
틀렸어	буруу байна 보로- 밴	팀 / 우승팀	баг/хожсон баг 박/허지성 박
틀린	буруу 보로-	팁	тип 팁

특별히 그녀를 좋아하는 것도 아니야.
Онцгойлон тэр эмэгтэйд дуртай байгаа юм биш.
언츠걸렁 테르 에멕테드 도르태 배가- 윰 식

특별히 준비해 두다 онцгойлон бэлдэж тавих
언츠걸렁 벨떼찌 타워흐

특산품 онцгой бүтээгдэхүүн
언츠거 부텍데후-웅

특수성 онцгой, өвөрмөц чанар
언츠거, 우브르무치 차나르

틀니를 맞추다 хиймэл шүд тааруулах
히-멜 슈드 타-로-올라흐

ㅌ

ㅍ

파(야채) ногоон сонгин
너거-엉 성깅

파괴되다 бусниулах
보스니올라흐

파다 ухах
오하흐

파도 давалгаа
다왈가-

파란색 цэнхэр өнгө
쳉헤르 웅그

파마 үсний хиймэл
우쓰니- 히-임

파마하다 хиймэл хийлгэх
히-임 히-일게흐

파면하다 халах
할라흐

파산 дампуурал
담포-랄

파산하다 дампуурах
담포-라흐

파업하다 ажил хаялт
아질 하얄트

파인애플 хан боргоцой
항 버르거처

파일(사무용품) хавтас
합타스

파일(전산) файл
파일

파란색으로 신어 봐도 되나요?
Цэнхэр өнгөтэйг өмсөж үзэж болох уу?
쳉헤르 웅그테그 움스찌 우제찌 벌러호-

파충류 мөлхөгчдийн төрөл
물훅치디-잉 투룰

파트타임으로 일하다 цагаар ажлах
차가-르 아질라흐

판매하다	худалдаа 호딸다-	팔짱을 끼다	сугадалцах 소가달차흐
판사	шүүгч 슈-욱치	팔찌	бугуйвч 보고입치
팔	гар 가르	패션	загвар 자그와르
팔(숫자)	найм 냄	팩스	факс 팍스
팔십	ная 나이	팩을 하다(피부)	маск тавих 마스크 타위흐
팔월	найм дугаар сар 냄 도가-르 사르	팬(애호가)	шүтэн бишрэгч 슈텡 비쉬렉치

파티하다	үдэшлэг зохион байгуулах 우데쉴렉 저형 배고-올라흐
판결안	шүүхийн шийдвэр 슈-히-잉 쉬-뜨웨르
판결을 내리다	шүүхийн шийдвэр гаргах 슈-히-잉 쉬-뜨웨르 가르가흐
판단하다	дүгнэлт, шийдвэр 두그넬트, 쉬-뜨웨르
팔다 / 잘 팔리다	зарах/сайн зарагдах 자라흐/생 자락다흐

ㅍ

팬티 турсик
토르씩

펜 үзэг
우젝

퍼센트(%) хувь
호위

펭귄 оцон шувуу
어청 쇼보-

퍼지다 өсөх
우쓰흐

펴다 дэлгэх
델게흐

퍼트리다 тараах
타라-흐

편리한 таатай
타-태

펌프 насос
나써스

편지 захиа
자햐

페인트 будаг
보딱

편지를 쓰다 захиа бичих
자햐 비치흐

페이지/3 페이지 хуудас/гуравдугаар хуудас
호-따스/고르왕도가-르 호-따스

편안하다(마음) тайван амгалан
태왕 암갈랑

편지를 기다리다 захиа хүлээх
자햐 훌레-흐

편지를 보내다 захиа явуулах
자햐 야오-올라흐

편지를 우체통에 넣다.
Захиа шуудангын хайрцаганд хийх.
자햐 쇼-당깅 해르차간드 히-흐

편집자 редактор
레닥터르

평(아파트) метр квадрат
메트르 카우드라트

평가하다 үнэлэх
우넬레흐

평균의 дундаж
돈다찌

평등하다 эрх тэгш
에르흐 텍쉬

평방미터 ам дөрвөлжин
암 두르월찡

평상시 жирийн үе
지리-잉 우이

평영(수영) мэлхий сэлэлт
멜히- 셀엘트

평일 ердийн өдөр
유르디-잉 우드르

평화 энх тайван
엥흐 태왕

폐(의학) уушги
오-쉬기

폐를 끼치다 Төвөг болох
투워크 벌러흐

편집국 хянан тохиолдуулдаг газар
하난 터혈도-올닥 가자르

편해지다 амар түвшин болох
아마르 툽싱 벌러흐

평균기온 дундаж темпиратур
돈다찌 템피라토르

평상시에도 좀 늦는 편이다.
Жирийн үед ч жоохон хоцордог талтай.
지리-잉 우이 치 쩌-헝 허처르덕 탈태

폐가 되지 않는다면 төвөг болохгүй бол
투워크 벌러흐구이 벌

ㅍ

폐병	уушгины өвчин 오-쉬기니 웁칭	폭탄	бөмбөг 붐북
포기하다	болих 벌리흐	폭포	хүрхрээ 후르흐레-
포기하지 마	битгий няц 비트기- 냐츠	폴더(전산)	фолдер 폴데르
포도	усан үзэм 오쌍 우즘	폴란드	Польш 펄쉬
포장하다	баглах 바글라흐	표	тасалбар 타쌀바르
포크	сэрээ 세레-	표(설문)	хүснэгт 후스넥트
포함하다	хамруулах 하마롤-라흐	표시하다	тэмдэглэх 템덱레흐
폭(옷감)	өргөн 우르궁	표준	стандарт 스탄다르트

폐를 끼쳤네요.
Төвөг болсон байна.
투워크 벌성 밴

포장해주세요.
Боож өнгө үү.
버-찌 우그누-

표 예약해 주실 수 있으세요?
Тасалбар захиалж өгч чадах уу?
타쌀바르 자할찌 욱치 차뜨호-

표준어 төв аялгуу
툽 아얄고-

표현 илэрхийлэл
이레르히-일렐

푸다 аяглах
아야글라흐

푹 자다 гүн нойрсох
궁 너르서흐

풀(사무용품) цавуу
차오-

풀다 задлах тайлах
자뜰라흐 탤라흐

품목 барааны нэр төрөл
바라-니 네르 투룰

품질 чанар
차나르

풍경 байгалийн байдал
배갈리-잉 배딸

풍부한 баялаг
바얄락

풍습 зан заншил
장 잔실

프라이팬 хариулын таваг
하리올링 타왁

프랑스 Франц
프란츠

프랑스어 Франц хэл
프란츠 헬

프런트데스크 хүлээн авах
훌레-엥 아와흐

프로그래머 програмист
프러그라미스트

프로듀서 найруулагч
내로-올락

프로세스(전산) процесс
프러체쓰

프로그래밍하다 програмчилах
프러그람칠라흐

프로그램 계획시간표(TV)
хөтөлбөрийн цагийн хуваарь
후툴브리-잉 차기-잉 호와-르

ㅍ

프로젝트 төсөл
투쓸

프로페셔널 мэргэжлийн
메렉질리-잉

프린터기 принтлэгч
프린틀렉치

프린트지 принтны цаас
프린트니 차-스

피 цус
초쓰

피가 나다 цус гарах
초쓰 가라흐

피곤하다 ядрах
야뜨라흐

피곤해도 ядарсан ч
야딸승 치

피동 үйлдэгдэх
우일덱데흐

피망 чинжүү
친주-

피부 арьс
아리스

피우다 асаах, татах
아싸-흐, 타타흐

플라스틱으로 만들다 хуванцараар хийх
호완차라-르 히-흐

플루트(피리)를 불다 лэмбэ үлээх
엠베 훌레-흐

피곤할 텐데 ядарч байгаа байх
야뜨라치 배가- 배흐

피부가 하얗다 цагаан арьстай
차가-앙 아리스태

피임약 жирэмслэлтээс хамгаалах эм
지렘슬렐테-쓰 함가-알라흐 엠

피하다 дайжих 대찌흐

핀란드 Финлянд 핀란드

핀을 꼽다 үсээ хавчих 우쎄- 합치흐

필수적이다 зайлшгүй 잴쉬구이

필요없다 хэрэггүй 헤렉구이

필요하다 хэрэгтэй 헤렉테

필통 үзэг балны сав 우젝 발르니 삽

핑크색 ягаан өнгө 야가-앙 웅그

필름을 현상하다 гэрэл зургийн хальс угаах 게렐 조르기-잉 할스 오가-흐

핏기가 없다 цагаан царайтай 차가-앙 차래테

ㅍ

ㅎ

하고 싶다 хиймээр байна
히-메-르 밴

하늘 тэнгэр
텡게르

하늘색 тэнгэрийн өнгө
텡게리-잉 웅그

하늘이 맑다 цэлмэг тэнгэр
첼멕 텡게르

하드(전산HDD) хард
하르드

하얀색 цагаан өнгө
차가-앙 웅그

하나도 이해 못하다 юу ч ойлгосонгүй
요 치 어일거성구이

하는 동안에 хийж байх явцад
히-찌 배흐 얍차드

하는 척하다 хийж байгаа царайлах
히-찌 배가- 차랠라흐

하려고만 하면 뭘 못해
хийх гэхээр л юм хийж чадахгүй
히-흐 게헤-를 윰 히-찌 차따흐구이

하려하지 않다 хийхийг оролдодгүй
히-히-끄 어럴더뜨구이

하루 종일 бүхэл өдрийн турш
부헬 우드리-잉 토르쉬

하루 종일 내내 бүхэл өдөржин
부헬 우드르찡

하인 зарц
자르치

하지만 гэвч
겝치

학과 тэнхим
텡힘

학교 сургууль
소르고-올

하루 중에 өдрийн дундуур
우드리-잉 돈도-르

하루만 묵어야겠어 нэг л өдөр хонохоос
네글 우드르 허너흐어-쓰

하마터면 жаахан буруутсан бол
짜-항 보로-트상 벌

하마터면 교통사고가 날 뻔했다. Жаахан буруутсан бол машины осолд орох шахлаа.
짜-항 보로-트상 벌 마시니 어설드 어러흐 샤흘라-

하얀색인가요? цагаан өнгө үү?
차가-앙 웅구-

하지만 지금 상황에선 이게 최선이야.
Гэвч энэ нөхцөл байдалд энэ хамгийн зөв.
겝치 엔 눅출 배딸드 엔 함기-잉 줍

학과의 책임자 тэнхимийн хариуцагч
텡히미-잉 하리오착치

학교 가지 않으면 сургуульдаа явахгүй бол
소르고-올다- 야와흐구이 벌

ㅎ

학교가다 сургуульдаа явах
소르고-올다- 야와흐

학기 хичээлийн улирал
히체-엘리-잉 올리랄

학생 сурагч
소락치

학습하다 суралцагч
소랄착치

학우 сургуулийн найз
소르고-올리-잉 내쯔

학위 эрдмийн зэрэг
에르드미-잉 제렉

한 걸음 нэг алхам
넥 알함

한 번 더 дахиад нэг удаа
다햐드 넥 오따-

학교마다 다르다 сургууль болгон өөр
소르고-올 벌겅 어-르

학교에 지각하다 сургуульдаа хоцрох
소르고-올다- 허츠러흐

학장 дээд сургуулийн захирал
데-드 소르고-올리-잉 자히랄

한 번 더 말씀해 주세요.
Дахиад нэг хэлээд өгнө үү.
다햐드 넥 헬레-드 우그누-

한 번도 미국에 가본적 없어.
Нэг ч удаа Америк явж үзээгүй.
넥치 오따- 아메리크 얍찌 우제-구이

한 부 복사해 주실 수 있으세요?
Нэг хувь канон хийж өгч болох уу?
넥 호위 카논 히-찌 욱치 벌러호-

한가한	завтай 잡태	한국	Солонгос 설렁거스
한개 남아 있어.	Нэг үлдсэн. 넥 울드승	한국사람	Солонгос хүн 설렁거스 홍

한개 더 주세요. Нэгийг дахиад өнгө үү.
네기-그 다햐드 우그누-

한개 얼마예요?(싼 것에 물을 때) Нэг нь хэд вэ?
네근 헤뜨 웨

한개만 주세요. Нэгийг л өнгө үү.
네기-글 우그누-

한국 사람이예요. Солонгос хүн.
설렁거스 훙

한국 사람과 몽골사람은 비슷해요.
Солонгос монгол хүн адилхан.
설렁거스 멍걸 훙 아딜항

한국 사람은 성질이 급한 것으로 유명한데 당신은 그 보다 더 하네요. Солонгос хүн их
설렁거스 훙 이흐
түргэн ууртай гэдэг харин чи бүр ч аймар.
투르긍 오-르태 게떽 하링 치 부르 치 애마르

한국 선수들이 경기를 정말 잘해. Солонгос
설렁거스
тамирчид тэмцээнд маш сайн оролцдог.
타미르칭 템체-엥드 마시 생 어럴츠덕

ㅎ

한국 스타 중에 누가 제일 좋아요? Солонгос
설렁거스
одуудаас хэн хамгийн их таалагддаг вэ?
오뚜-다-쓰 헹 함기-잉 이흐 탈-락닥 웨

한국 음악 좀 들려줄까?
Солонгос дуу сонсгож өгөх үү?
설렁거스 도- 선스거찌 우그후-

한국 제품 Солонгос бүтээгдэхүүн
설렁거스 부텍데후-웅

한국과 몽골은 좀 비슷해.
Солонгос монгол хоёр жоохон төстэй.
설렁거스 멍걸 허여르 쩌-헝 투스테

한국과 몽골의 관계가 갈수록 발전한다. Солонгос
монголын харилцаа цаашид улам хөгжинө.
설렁거스 멍걸링 하릴차- 차-쉬뜨 올람 훅진

한국과 비교해보면 Солонгостой харьцуулбал
설렁거스태 하리초-올발

한국국민 모두 Солонгосын иргэн бүгд
설렁거싱 이르겡 북드

한국어를 잘 하시네요.
Солонгосоор сайн ярьдаг юм байна.
설렁거서-르 생 야리닥 윰 밴

한국어를 할 수 있어요?
Солонгосоор ярьж чадах уу?
설렁거서-르 야리찌 차뜨호-

한국에 가본적 있어요? Солонгос явж байсан уу?
설렁거스 얍찌 배스노-

한국에 대해 어떻게 생각하세요?
Солонгосын талаар юу гэж боддог вэ?
설렁거싱 탈라-르 요 게찌 버뜨덕 웨

한국에는 겨울에 눈이 많이 온다
Солонгост өвөл цас их ордог.
설렁거스트 우월 차쓰 이흐 어르덕

한국에서 굉장히 유명한 분이야.
Солонгост маш алдартай салбар.
설렁거스트 마쉬 알다르태 살바르

한국에서 왔어. Солонгост ирсэн.
설렁거스트 이레-드

한국영화만 좋아한다. Солонгос кинонд л дуртай.
설렁거스 키논들 도르태

한국적 방식 Солонгос маягийн
설렁거스 마이기-잉

한권만 사요. Нэгийг л худалдаж авъя.
네기-글 호딸다찌 아위

한도를 늘리다 хэмжээг нэмэх
헴제-끄 네메흐

한번 보세요. Нэг удаа хараад үзээрэй.
넥 오따- 하라-드 우제-레

ㅎ

한숨 쉬다 санаа алдах
사나- 알다흐

한턱을 내다 дайлах
댈라흐

할 것이다 хийнэ
히-인

할 말이 없어 хэлэх үггүй
헬레흐 욱구이

할머니 эмээ
에메-

할아버지 өвөө
우워-

한번 본 것 같아. Нэг удаа харсан юм шиг байна.
넥 오따- 하르승 윰 식 밴

한번 해보세요. Нэг удаа хийж үзээрэй.
넥 오따- 히-찌 우제-레

한번만 봐주세요. Нэг л удаа харж үзнэ үү.
네글 오따- 하르찌 우즈누-

한몽사전 Солонгос Монгол толь бичиг
설렁거스 멍걸 텔 비칙

한쪽 편에 서다 нэг талд зогсох
넥 탈드 적서흐

할 가치가 있는 хийх үнэ цэнэтэй
히-흐 운 체네테

할 얘기가 뭔데요? Хэлэх гэсэн үг чинь юу вэ?
헬레흐 게씅 욱 친 요 웨

할아버지와 할머니 өвөө эмээ
우워- 에메-

할인	хямдрал 햠드랄	합성하다(사진)	нэгтгэх 넥트게흐
함께	хамт 함트	합의하다	хамтран зөвлөх 함트랑 주블르흐
함께 가다	хамт явах 함트 야와흐	합치다	нэгдэх 넥데흐
합격했어요	тэнцсэн 텐츠승	항공	нислэг 니슬렉
합리적인	оновчтой 어넙치터	항공권	онгоцны тийз 엉거츠니 티-즈

할일이 없어	хийх ажил байхгүй 히-흐 아질 배흐구이
함께 일하는 친구	хамт ажилдаг найз 함트 아질닥 내쯔
함성을 지르다	хашгиралдах 하쉬기랄다흐
합작경영	хамтран ажиллах 함트랑 아질라흐
합작을 하실 건가요?	Хамтран ажиллах уу? 함트랑 아질라호-
항공 운송입니까?	Агаарын тээвэр үү? 아가-링 테-웨루-

ㅎ

항구	боомт 버-엄트
항로	далайн зам 달랭 잠
항상	үргэлж 우르겔찌
항의하다	эсэргүүцэх 에쎄르구-체흐
해가 되다	хор болох 허르 벌러흐
해결하다	шийдвэрлэх 시-뜨베를레흐
해고하다	ажлаас халах 아질라-쓰 할라흐
해고되다	ажлаас халагдах 아질라-쓰 할락다흐
해로	усан зам 오쌍 잠
해방	чөлөөлөлт 출루-울를트
해법	шийдэх арга 시-데흐 아락
해변	далайн эрэг 달랭 에렉

항공우편	агаарын илгээмж 아가-링 일게-엠지
항공회사	нисэх онгоцны компани 니쎄흐 엉거츠니 컴파니
항상 곁에 두세요.	Үргэлж хажууд тавиарай. 우르겔찌 하조-드 타위아래
항생제	нянгийн эсрэг ерөндөг 냥기-잉 에스렉 유른득
해산물	далайн бүтээгдэхүүн 달랭 부텍데후-웅

해산하다 тарах
타라흐

해안 далайн эрэг
달랭 에렉

핵 цөм, атом
춤, 아텀

핵폭탄 атомын бөмбөг
아터민 붐북

핸드폰 гар утас
가르 오타쓰

햇빛 нарны туяа
나르니 토야

행동 үйл хөдлөл
우일 후뜰를

행복 аз жаргал
아즈 자르갈

행운 аз
아즈

행정 засаг захиргаа
자싹 자히르가–

해운 운송입니까? Далайн тээвэр үү?
달랭 테웨루–

핸드폰 번호가 뭐예요?
Гар утасны дугаар нь хэд вэ?
가르 오타쓰니 도가–른 헤뜨 웨

햇볕이 내리쬐다 нарны илчэнд ээх
나르니 일첸드 에–흐

햇볕이 따뜻하네 нарны илч дулаахан
나르니 일츠 돌라–항

햇빛이 이글거리는 шалзлам халуун нарны туяа
샬즐람 할롱– 나르니 토야

행복하게 살아 аз жаргалтай амьдраарай
아즈 자르갈태 앰드라–래

ㅎ

향기	үнэр 우네르	향수	үнэртэй ус 우네르 오쓰
향기로운	үнэртэй 우네르테	허락하다	зөвшөөрөх 줍슈-르흐
향상되다	өгсөх 욱스흐	허리띠를 매다	бүс бүслэх 부쓰 부슬레흐
향상시키다	сайжруулах 새지로-올라흐	허벅다리	гуя 고이

행복하시고 장수하시기 바랍니다.
Аз жаргалтай урт удаан наслаарай.
아즈 자르갈태 오르트 오따-앙 나쓸라-래

행복해지다 — аз жаргалтай болох
아즈 자르갈태 벌러흐

행사가 열리다 — ёслолын ажиллагаа нээх
여슬럴링 아질라가- 네-흐

행상하다 — явуулын худалдаа
야오-올링 호딸다-

행성 — нарны аймгийн есөн аймаг
나르니 앰기-잉 유승 애막

향기가 좋은 — сайхан үнэртэй
새항 우네르테

향수병에 걸리다 — нутагаа санагалзах
노타가- 산갈자흐

허풍떨다 дэгсдүүлэх
덱스두-울레흐

헌법 үндсэн хууль
운드승 호-올

헐거운(옷) холхих
헐히흐

헤어지다 салах
살라흐

헥타르 гектар
게그타르

헬멧 аюулгүйн малгай
아욜구잉 말개

혀 хэл
헬

혁명 хувьсгал
홉스갈

혁신하다 шинэчлэх
신칠레흐

현 상태 одоогийн байдал
어떠-기-잉 배딸

향이 참 좋네요. Үнэр нь их сайхан юм байна.
우네른 이흐 새항 윰 밴

허가서 зөвшөөрлийн бичиг
줍슈-를리-잉 비칙

허락을 구하다 зөвшөөрөл авах
줍슈-를 아와흐

허락하지 않다 зөвшөөрөхгүй
줍슈-르흐구이

헤어져야하다 салах хэрэгтэй
살라흐 헤렉테

헬멧을 쓰다 аюулгүйн малгай өмсөх
아욜구잉 말개 움스흐

ㅎ

현금 бэлэн мөнгө
벨릉 뭉그

현대적인 орчин үеийн
어르칭 우-잉

현대화 орчин үежих
어르칭 우이지흐

현상 үзэгдэл
우젝델

현상하다 үзэгдэх
우젝데흐

현수막 зарлал
자르랄

혈색 нүүр царайны өнгө
누-르 차래니- 웅그

혈압 цусны даралт
초쓰니 다랄트

현금으로 지불하실 겁니까?
Бэлэн мөнгөөр төлөх үү?
벨릉 뭉거-르 툴르후-

현금으로 하실 건가요? 카드로 하실 건가요?
Бэлэн мөнгөөр төлөх үү, картаар төлөх үү?
베릉 뭉거-르 툴르후-, 카르타-르 툴르후-

현금자동지급기 бэлэн мөнгөний машин
베릉 뭉그니- 마싱

현기증이 나는 толгой эргэх
털거이 에르게흐

현장에서 үйл явдал болсон газар
우일 얍달 벌성 가자르

현장에서 걸리다 хэргийн газар баригдах
헤르기-잉 가자르 바릭다흐

혈통 угсаа гарал
옥사- 가랄

협정문 гэрээ хэлэлцээр
게레- 헬렐체-르

협회 нийгэмлэг
니-겜렉

형, 오빠 ах
아흐

형과 누나 ах ба эгч
아흐 바 에그치

형벌 ял
얄

형부 хүргэн ах
후르겡 아흐

형수 бэргэн
베르겡

형식 хэлбэр
헬베르

형용사 тэмдэг нэр
뎀덱 네르

형제 ах дүү
아흐 두-

형태 хэлбэр байдал
헬베르 배딸-

호기심 있는 сониуч зан
서니오치 장

호되다 хэтэрхий
헤테르히-

호랑이 бар
바르

호랑이띠 бар жил
바르 질

혈색이 좋다 царайны өнгө сайхан байна
차래니 웅그 새항 밴

협력하다 хамтран ажиллах
함트랑 아질라흐

형성하다 бүрэлдэн бий болох
부렐뎅 비- 벌러흐

ㅎ

호르몬	гармон	가르몽	호흡하다	амьсгалах	암스갈라흐
호박	хулуу	홀로	혹시	арай	아래
호박잎	хулууны навч	호로-니 납치	혹은	эсвэл	에스웰
호소하다	хандаж хэлэх	한다찌 헬레흐	혼동하다	хольж хутгах	헐찌 호트가흐
호수	нуур	노-르	혼자	ганцаараа	간차-라-
호주	Австрали	아우스트랄	혼합의	холимог	헐리먹
호텔	зочид буудал	저치드 보-딸	홍수	үер	우에르
호흡	амьсгал	암스갈	홍수나다	үер буух	우에르 보-흐

호루라기를 불다 шүгэл үлээх
슈겔 우레-흐

혹시 내 열쇠 가지고 있어요?
Арай миний түлхүүр чамд байгаа юм биш бээз?
아래 미니- 툴후-르 참드 배가- 윰 비쉬 베쯔

혹시 바타집인가요? Арай өрөө Батаа биш бээз?
아래 우러- 바타- 비쉬 베쯔

홍콩 Гонконг
겅컹그

화가 зураач
조라-치

화나네 уурлах
오-를라흐

화나는 уурладаг
오-를라닥

화면(전산) дэлгэц
델게치

화보 зургийн цомог
조르기-잉 처먹

화산 галт уул
갈트 오-올

화살 нум сумын сум
놈 소밍 솜

화상 түлэнхий
툴렝히-

화요일 мягмар гариг
먀그마르 가릭

화원 цэцгийн хүлэмж
체츠기-잉 후렘지

화장하다 нүүрээ будах
누-레- 보따흐

화학 химийн ухаан
히미-잉 오하-앙

확대하다 ихэсгэх
이헤쓰게흐

혼자 시간 보내는걸 좋아해.
Ганцаараа цагийг өнгөрөөх дуртай.
간차-라- 차기-그 웅그르-흐 도르태

혼자 어떻게 하시려고요? Ганцаараа яах гээв?
간차-라- 야흐 게브

홍보를 하다 зар сурталчилгаа хийх
자르 소르탈칠가- 히-흐

화랑 уран зургийн галерей
오랑 조르기-잉 갈라테

ㅎ

확실히 баттай, лавтай
바트태, 랍태

확인하다 батлах
바틀라흐

확정하다 баттай болгох
바트태 벌거흐

환경 орчин
어르칭

환영하다 баярлан угтах
바야르랑 옥타흐

환율 ханш
한쉬

환자 өвчтөн
웁치퉁

환전하다 мөнгө солиулах
뭉그 설리울라흐

화장대 будаг шунхны ширээ
보딱 숑흐니 시레-

화장실 жорлон, бие засах газар
저를렁, 비에 자싸흐 가자르

화장실에 가다 жорлон явах
저를렁 야와흐

화장실이 어디예요? Жорлон хаана вэ?
저를렁 하-안 웨

화장품을 쓰다 будаг хэрэглэх
보딱 헤렉레흐

확대하실 필요는 없어요.
ихэсгэх шаардлага байхгүй
히헤쓰게흐 샤-르들락 배흐구이

환불하다 мөнгөө эргүүлж авах
뭉거- 에르구-울찌 아와흐

황금 алт
알트

회 / 2회 удаа/2 удаа
오따-/ 허여르 오따-

회담 уулзалт
오-올잘트

회비 гишүүний төлбөр
기슈-니- 툴브르

회사 ажил, компани
아질, 컴파니

회사로 와. Ажилруу ир.
아질로- 이르

회상하다 дурсах
도르싸흐

회원 гишүүн
기슈-웅

환율이 오늘 어떻게 되나요?
Ханш өнөөдөр ямар байна?
한쉬 우느드르 야마르 밴

환전어디에서 해요? Мөнгө хаана солиулах вэ?
뭉그 하-안 설리올라흐 웨

활발하게 발전하다 эрч хүчтэй хөгжих
에르치 후치테 훅지흐

회계 санхүү төлбөр тооцоо
상후- 툴브르 터-처-

회사에 둔거 아니야? 회사에 가보자. Ажил дээрээ
아질 데-레-
орхисон юм биш үү? Ажил руу явж үзье.
어르히성 윰 비슈-? 아질 로- 얍찌우지

회사에 바래다주세요. Ажилруу хүргээд өгнө үү.
아질로- 후르게-드 우그누-

ㅎ

회의	хурал 호랄	훈련하다	дасгал сургууль 다스갈 소르고-올
회의에서	хурал дээр 호랄 데-르	훈장	одон медаль 어떵 메달
회화(대화)	харилцан яриа 하릴창 야랴	훌륭한	гайхамшигтай 개함식태
횡단보도	гэрлэн дохио 게를렝 더혀	훔치다	хулгайлах 홀갈라흐
효과	үр дүн 우르 둥	휘젓다	хутгах 호트가흐
효도	ачлах ёс 아칠라흐 여쓰	휘파람을 불다	шүгэлдэх 슈겔데흐
후추	хар чинжүү 하르 친주-	휴식	завсарлага 잡사를락
후회하다	харуусах 하로-사흐	휴일	амралтын өдөр 아므랄팅 우드르

회사에 있어요	ажил дээрээ байна 아질 데-레- 밴
회의하러 가다	хурал хийхээр явах 호랄 히-헤-르 야와흐
휴가를 가다	амралтаар явах 아므랄타-르 야와흐

휴지(두루마리)	нойлын цаас 널링 차-쓰
흉내 내다	даган дууриах 다강 도-리아흐
흉년	урагцгүй жил 오르가치구이 질
흐르다(유동)	урсах 오르싸흐
흐리다(날씨)	муудах 모-따흐
흐린	муудсан 모-뜨상
흑맥주	хар пиво 하르 피버
흑백사진	хар цагаан зураг 하르 차가-앙 조락
흑인	хар арьстан 하르 아리스탕
흔적	ул мөр 올 무르
흔하지 않다	элбэг биш 엘벡 비쉬
흔한 음식	элбэг хоол 엘벡 허-얼
흘리다	асгах 아스가흐
흠 없는	өө сэвгүй 우- 셉구이
흡입하다	сорох 서러흐
흥분하다	хөөрөх 후-르흐
휴학하다	сургуулиас чөлөө авах 소르고-올리아쓰 출러- 아와흐
흐르다(시간)	цаг хугацаа урсах 착 혹차- 오르싸흐
흘리지 마.	Битгий гоожуулаад бай. 비트기- 거-조-올라-드 배

ㅎ

흥정하다	наймаалцах 내마-알차흐	힘(능력)	хүч чадал 후치 차딸
희귀한	ховор 허워르	힘(물리)	хүч 후치
희극	инээдмийн жүжиг 이네-뜨미-잉 주찍	힘(체력)	хүч 후치
희망	хүсэл эрмэлзэл 후셀 에르멜젤	힘내	хичээх 히체-흐
희생하다	зориулах 저리올라흐	힘드네.	хэцүү байна шүү. 헤추- 밴 슈-
희생자	золиослогч 절리어슬럭치	힘든	хүнд, хэцүү 훈드, 헤추-
흰 우유	цагаан сүү 차가-앙 수-	pc방	интернет кафе 인테르네트 카페
흰 피부	цагаан арьс 차가-앙 아리스	tv드라마	интернет кафе 텔레비지-잉 얼렁 앙기트 키노

희망이 없다	хүсэл найдваргүй 후셀 내뜨와르구이
힘들어 죽겠네.	Ядарч үхлээ. 야따르치 우흘레-
CD를 굽다	CD дээр бичлэг хийх 씨디 데-르 비칠렉 히-흐

USB를 꼽다 USB залгах
유에스비 잘가흐

mp3플레이어 МП 3 тоглуулагч
엠피 고랍 터글로-올락치

ㅎ

부록

- 숫자
- 시간
- 요일
- 월
- 호칭
- 가족관계
- 간단한 감탄사
- 감정표현
- 택시에서
- 쇼핑하기
- 색
- 음식점
- 오프너
- 맛표현
- 야채, 과일
- 음식고르기
- 몽골식당 메뉴 보기
- 식사하기
- 계산하기
- 사무실
- 컴퓨터활용
- 학교과정
- 몽골은 어때요?
- 몽골행정단위
- 반의어
- 몽골 5대가축
- 몽골사이트

숫 자

숫자	too 터-	9	ес 유스
0	нойл 너일	10	арав 아랍
1	нэг 넥	20	хорь 허르
2	хоёр 허여르	30	гуч 고치
3	гурав 고랍	40	дөч 두치
4	дөрөв 두릅	50	тавь 탭
5	тав 타우	60	жар 자르
6	зургаа 조르가-	70	дал 달
7	долоо 덜러-	80	ная 나이
8	найм 냄	90	ер 이르

100	зуу 조-
천(1000)	мянга 미양가
만(10000)	арван мянга 아르왕 미양가
십만(100000)	зуун мянга 조-옹 미양가
백만(1000000)	сая 사이
십억(1000000000)	тэр бум 테르 봄

시 간

시간	цаг 착
시	цаг 착
분	минут 미노트
초	секунд 세콘드
반	хагас 하가쓰
오전 7시	үдээс өмнө долоон цаг 우데-스 우믄 덜렁- 착
오후 3시	үдээс хойш гурван цаг 우데-스 허이시 고르왕 착

3시 10분	гурван цаг арван минут 고르왕 착 아르왕 미노트
3시 10분전	гурван цагт арван минут дутуу байна 고르왕 착 아르왕 미노트 도토- 밴
3시 반	гурав хагас 고르왕 하가쓰
정각 3시	яг гурван цаг 약 고르왕 착

요 일

요일	гариг 가릭	목요일	пүрэв гариг 푸릅 가릭
월요일	даваа гариг 다와- 가릭	금요일	баасан гариг 바-승 가릭
화요일	мягмар гариг 먀그마르 가릭	토요일	бямба гариг 뱜바 가릭
수요일	лхагва гариг 하욱 가릭	일요일	ням гариг 냠 가릭

월

월	сар	
일월	нэгдүгээр сар	넥두게-르 사르
이월	хоёрдугаар сар	허여르도가-르 사르
삼월	гуравдугаар сар	고랍도가-르 사르
사월	дөрөвдүгээр сар	두릅두게-르 사르
오월	тавдугаар сар	답도가-르 사르
유월	зургаадугаар сар	조르가-도가-르 사르
칠월	долдугаар сар	덜도가-르 사르
팔월	наймдугаар сар	냄도가-르 사르
구월	есдүгээр сар	유스도가-르 사르
시월	аравдугаар сар	아랍도가-르 사르
십일월	арван нэгдүгээр сар	아르왕 넥두게-르 사르
십이월	арван хоёрдугаар сар	아르왕 허여르도가-르 사르

부록

호 칭

할아버지	өвөө 우워–	당신	та 타
할머니	эмээ 에메–	너	чи 치
아저씨	ах 아흐	나	би 비
형, 오빠	ах 아흐	동생	дүү 두–
누나, 언니	эгч 에그치		

아가씨 / 3인칭	бүсгүй, хүүхэн, залуу эмэгтэй 부스구이, 후–헹, 잘로– 에멕테
손자, 나이 많이 어린 사람	ач хүү 아치 후–

가족관계

가족관계	Гэр бүл төрөл садан 게르 불 투를 사당
할아버지	өвөө 우워–
할머니	эмээ 에메–
엄마	ээж 에–찌
아빠	аав 아브
부인	эхнэр 에흐네르
남편	нөхөр 누흐르
언니, 누나	эгч 에그치
오빠, 형	ах 아흐
여동생	эмэгтэй дүү 에멕테 두–
남동생	эрэгтэй дүү 에렉테 두–
딸	охин 어힝
아들	хүү 후–
손녀	ач охин 아치 어힝
손자	ач хүү 아치 후–
며느리	бэр 베르
사위	хүргэн 후르겡
고모	авга эгч 아왁 에그치
이모	нагац эгч 나가치 에그치

간단한 감탄사

간단한 감탄사	аялга үг 아얄락 욱	맞아요.	зөв 줍
네	тийм 티-임	그래? 그래.	тийм үү 티-무-
응	аанхаан 아-앙하-앙	됐어.	болсон 벌성
어! (놀람)	ааан! 아-안	됩니다.	болно 벌른
오, 와 (감탄)	хөөх! 후-흐	어때?	ямар вэ? 야마르 웨?
자(말을 사작할때)	за аа 자-	좋지?	гоё байна уу? 고이 배노-?
아니요.	үгүй 우구이	좋아.	гоё 고이
안돼요.	болохгүй 벌러흐구이	농담이야.	тоглоом 터글러-엄
이럴수가. 맙소사.	Ийм юм болох гэж 이임 욤 벌러흐 게지		
아이구!	Яая, ёо, яанаа, пөөх 야이, 여~, 야나-, 푸-흐		

믿을 수 없어.	итгэхийн аргагүй 이트게히-잉 아락구이

감정표현

감정표현	сэтгэл хөдлөлийн илэрхийллэл 세트겔 후들를잉 일레르히-일렐

피곤해.	ядарч байна 야따르치 밴	웃기네.	инээдэмтэй юм 이네-뎀태 밴
우울해.	гунигтай байна 고닉태 밴	부끄러워.	ичиж байна 이치찌 밴
짜증나.	уур хүрж байна 오-르 후르찌 밴	화나.	уур хүрж байна 오-르 후르찌 밴
졸려.	нойр хүрж байна 너르 후르찌 밴	울지마.	битгий уйл 비트기- 오일
춥네.	хүйтэн байна 휘텡 밴	무서워.	айж байна 애찌 밴

즐거워	баяр хөөртэй байна 바야르 후-르테 밴
활짝 웃어.	нүүр дүүрэн инээх 누-르 두-렝 이네-흐

힘내.	зүтгэх, чармайх 주트게흐, 차르메흐
실망이야.	урам хугарах 오람 호그라흐
걱정하지 마.	санаа битгий зов 사나- 비트기- 접
신경쓰지마.	битгий анхаар 비트기- 앙하-르
포기하지마.	битгий боль 비트기- 벌
최선을 다해.	хамаг хүчээ дайчла 하막 후체 데촐라

택 시 에 서

택시에서	таксинд 탁신드
한국 대사관으로 가주세요.	Солонгосын элчинрүү явна уу 설렁거싱 엘친루- 야우노-
운전사	жолооч 절러-치
기본요금	суурь төлбөр 소-리 툴부르

좌회전하다.
зүүн гар тийш эргэх
주–웅 가르 티–쉬 에르게흐

우회전하다.
баруун гар тийш эргэх
바로–옹 가르 티–쉬 에르게흐

오른쪽
баруун тийш
바로–옹 티–쉬

왼쪽
зүүн тийш
주–웅 티–쉬

정면
нүүрэн тал
누–렝 탈

길 건너편
замын эсрэг тал
자밍 에쎄렉 탈

직진하다.
чигээрэй
치게–레

계속 똑바로 직진하다.
үргэлжлүүлээд чигээрэй явах
우르겔쭈–울레–드 치게–레 야와흐

300m 정도 직진하다.
гурван зуун метр орчим чигээрэй явах
고르왕 조–옹 메트르 어르침 치게–레 야와흐

되돌아가다.
буцах
보차흐

다리를 건너다.
гүүр давах
구–르 다와흐

부록

에어컨 켜주세요. агааржуулагчаа асаагаад өгнө үү
아가–르초–올락차– 아싸–가–드 우그누–

창문 닫아 주세요. цонх хааж өгнө үү
청흐 하–찌 우그누–

왼쪽으로 돌지마세요. зүүн тийш битгий эргээрэй
주–웅 티–쉬 비트기– 에르게–레

이쪽이 걸럼트 타워 가는 길 맞나요?
Энэ Голомт хотхон руу явдаг зам мөнө үү?
엔 걸럼트 허트헝로– 얍딱 잠 무 누–

맞는 길로 가고 있나요? Зөв замаар явж байна уу?
줍 자마–르 얍찌 배노–

길끝 사거리까지 가세요.
Замын төгсгөлд байгаа дөрвөн зам хүртэл яваарай.
자밍 툭스글드 배가– 두르븡 잠 후르텔 야와–래

여기서 세워주세요. энд зогсно уу
엔드 적스노–

거스름돈 주세요. хариулт мөнгө өгнө үү
하리올트 뭉그 우그누–

거스름돈이 틀려요. хариулт мөнгө буруу байна
하리올트 뭉그 보로– 밴

쇼핑하기

쇼핑하기	Дэлгүүр явах 델구-르 야와흐
지불하다	төлбөр тооцоо хийх, төлөх 툴부르 터-처- 히-흐, 툴루흐
현금	бэлэн мөнгө 벨릉 뭉그
거스름돈	хариулт мөнгө 하리올트 뭉그
봉지	канверт 칸웨르트
보증기간	баталгаат хугацаа 바탈가-트 혹차-
어디서 살 수 있어요?	Хаанаас худалдаж авахболомжтой вэ? 하-나-쓰 호딸다찌 아와흐 벌럼지터 웨
어디에 쓰는 거야?	Юунд хэргэлдэг вэ? 욘드 헤르겔덱 웨
그냥 구경하는 거예요.	Зүгээр л үзэж сонирхсон юм. 쭈게-를 우제찌 서니르흐성 윰
어느 나라 제품이예요?	Аль улсын бараа вэ? 알 올씽 바라- 웨

더 작은 것은 없나요?	Өөр жижигхэн байна уу? 어-르 찌찍흥 배노-
다른 색도 있어요?	Өөр өнгөтэй байна уу? 어-르 웅그테 배노-
더 큰것은 없나요?	Үүнээс том байна уу? 우-네-쓰 텀 배노-
좀 더 싼 것이 있어요?	Өөр хямд байгаа юу? 어-르 햠드 배가- 요
어때? 예뻐?	Ямар байна? Хөөрхөн байна уу? 야마르 밴? 후-르흥 배노-
안 어울려. 사지마.	Зохихгүй байна. Битгий ав 저히흐구이 밴. 비트기- 아우
한개만 주세요.	Нэгийг өгөөч 네기-그 우거-치
한개 더 주세요.	Дахиад нэгийг өгнө үү 다햐드 네기-그 우그누-
모두 얼마예요?	Нийт хэд вэ? Нийлээд хэд вэ? 니-트 헤뜨 웨 니-일레-드 헤뜨 웨
얼마예요?	Хэд вэ? Ямар үнэтэй вэ? 헤뜨 웨, 야마르 운테 웨
비싸요, 좀 깎아주세요.	Үнэтэй байна, үнээ жоохон яриад өгөөч 운테 밴, 운 쩌-헝 야리아드 우거-치

거스름돈 주세요.	хариулт мөнгө өгнө үү 하리올트 뭉그 우그누-

색

색	Өнгө 웅그	갈색	бор өнгө 버르 웅그
빨간색	улаан өнгө 올라-앙 웅그	분홍색	ягаан өнгө 야가-앙 웅그
파란색	цэнхэр өнгө 첸헤르 웅그	초록색	ногоон өнгө 너거-엉 웅그
노란색	шар өнгө 샤르 웅그	보라색	хөх ягаан өнгө 후흐 야가-앙 웅그
검은색	хар өнгө 하르 웅그	하늘색	тэнгрийн өнгө 텡게리-잉 웅그
하얀색	цагаан өнгө 차가-앙 웅그		

음식점

한국어	몽골어 (발음)
음식점	Цайны газар 채니 가자르
전문	төрөлжсөн 투를지승
가격	үнэ 운
서빙하다	үйлчлэх 우일칠레흐
메뉴판	мэню 메뉴
인분 / 삼 인분	порц 퍼르치
종업원	ажилтан 아질탕
먹다	идэх 이데흐
다 먹다	бүгдийг нь идэх 북디-근 이데흐
마시다	уух 오-흐
계산하다	тооцоо хийх 터-처- 히-흐
배고프다	өлсөх 울스흐
배부르다	цадах 차따흐
오프너	онгойлгогч 엉거일걱치
젓가락	савх 사흐
숟가락	халбага 할박
음식을 주문하다	хоол захиалах 허-얼 자햘라흐
영수증	мөнгөний баримт, тасалбар 뭉그니- 바림트, 타쌀바르

부록

포크	сэрээ 세레–	짜다	шорвог 셔르웍
나이프	хутга 호탁	싱겁다	давс сул 다우쓰 솔
티슈	салфетка 살페트카	쓰다	гашуун 가쇼–옹
재떨이	үнсний сав 운스니– 삽	맵다	халуун 할로–옹
넵킨	салфетка 살페트카	뜨겁다	халуун 할로–옹
얼음	мөс 무쓰	맛있다	амттай 암트태
맛	амт 암트	맛없다	амтгүй 암트구이
느끼하다	тослог, хурц 터슬러그, 호르츠	달다	чихэрлэг 치헤를렉
시다	исгэлэн 이스겔릉	신선하다	шинэхэн 시네흥
이쑤시개	шүдний чигчлүүр 슈드니– 칙치루–르		
간이 적당하다	амт нь таарсан байна 암튼 타–르상 밴		

입맛에 맞다 хоол таарах
허-얼 타-라흐

설탕 чихэр
치헤르

간장 цуу
초-

식초 цагаан цуу
차가-앙 초-

소금 давс
다우쓰

고추장 чинжүүн жан
친주-웅 짱

향기가 좋다 сайхан үнэртэй
새항 우네르테

탄내가 나다 утаа угаар гарах
오타- 오가-르 가라흐

비린내가 나다 эхүүн үнэр гарах
에흐-웅 우네르 가라흐

달면서 맛있다 чихэрлэг мөртлөө амттай
치헤를렉 무르틀러- 암트태

된장 шар буурцагаар хийсэн жан
샤르 보-르착-아르 히-생 짱

야채, 과일

야채, 과일	Жимс, ногоо 짐스, 너거-	호박	хулуу 홀로-
감자	төмс 툼스	고추	чинжүү 친주-
양배추	байцаа 배차-	부추	халиар 할리아르
당근	лууван 로-왕	상추	салатны байцаа 살라트니 배차-
양파	сонгин 성긴	피망	чинжүү 친주-
배추	хятад байцаа 햐타드 배차-	고구마	амтат төмс 암타트 툼스
마늘	сармис 사르미스	사과	алим 알림
생강	цагаан гаа 차가-앙 가-	배	лийр 리-르
비트	хүрэн манжин 후렝 만징	토마토	улаан лооль 올라-앙 러-얼
버섯	мөөг 무-그	귤	жүрж 주르찌

부록

바나나	банана 바나나	복숭아	тоор 터-르
포도	усан үзэм 오상 우젬	파인애플	хан ананас 아나나스
수박	амтаттуа 암타트과아	딸기	гүзээлзгэн 구제-엘즈겡

음식고르기

음식고르기	Хоол сонгох 허-얼 성거흐
몽골요리가 아주 맛있다고 들었어.	Монгол хоол их амттай гэж дуулсан 멍걸 허-얼 이흐 암트테 게즈 도-올상
뭘 제일 좋아하세요?	Юунд хамгийн дуртай вэ? 욘드 함기-잉 도르테 왜
보즈를 제일 좋아 해요.	Буузанд илүү дуртай 보-오잔드 일루- 도르테
음식을 골라보세요.	Хоолоо сонгоорой 허-얼러- 성거-레
골라주세요.	Сонгоод өгнө үү. 성거-드 우그누-

내건 내가 고를 거야.	Би өөрийхийгөө сонгоно. 비 어-리-히-거- 성건
뭐 드시겠어요?	Юу идэх вэ? 요 이데흐 왜
언니가 저녁 산다고 했잖아요.	Эгч та хоол авч өгнө гэсэн биз дээ 에그치 타 허-얼 압치 우근 게승 비즈 데-
오늘은 내가 한 턱 낼게요.	Өнөөдөр би даана 우누-드르 비 다-안
오늘은 당신 뜻대로 하세요.	Өнөөдөр чи дуртайгаа ав/хий 우누-드르 치 도르태가 압/히-

몽골식당 메뉴 보기

전채요리	Зууш 조-쉬
스프	Нэг дүгээр хоол 넥 두게-르 허-얼
야채 스프	Ногоотой шөл 너거-터 슐
만두국	Банштай шөл 반시태 슐
칼국수	Гурилтай шөл 고릴태 슐
고깃국	Хар шөл 하르 슐

버섯 스프 Мөөгтэй шөл 무-그테 숄	잡채 Пүнтүүзтэй хуурга 푼트-쯔테 호-락
볶음국수 Цуйван 초이왕	디저트 Дисерт 디세르트
고기 정식 Гуляш 골리야쉬	아이스크림 Зайрмаг 재르막
찐 고기 만두 Бууз 보-즈	케이크 Торт 터-르트
구운 고기 만두 Хуушуур 호-쇼-르	따뜻한 음료 Халуун ундаа 할로-옹 온다-
볶음밥 Будаатай хуурга 보따-태 호-락	커피 Кофе 커페

감자 샐러드	Нийслэл салат 니-슬렐 살라트
양배추 샐러드	Байцааны салат 배차-니 살라트
당근 샐러드	Луувангийн салат 로-왕기-잉 살라트
계란 샐러드	Өндөгтэй салат 운득태 살라트
본 요리	Хоёр дугаар хоол 허여르 도가-르 허-얼

홍차	Хар цай 하르 채	음료수	Ундаа 온다-
우유차	Сүүтэй цай 수-테 채	생수	Цэвэр ус 체웨르 오쓰
찬 음료	Хүйтэн ундаа 휘텡 온다-	주스	Жүүс 주-스

식사하기

식사하기	Хооллох 허-얼러흐
드시죠.	Идэцгээе 이데츠게-이

입맛에 맞으실지 모르겠어요.

Идэж чадах эсэхийг мэдэхгүй байна.
이데찌 차다흐 에세히-끄 메데흐구이 밴

맛있겠다.	Амттай байхдаа 암트테 배흐다-
맛있게 먹어.	Сайхан хооллоорой 새항 허-얼러-래
맛보세요.	Амсаад үз 암사-드 우지

부록

이걸 뭐라고 불러요?
Энийг юу гэдэг вэ?
에니-끄 요 게떽 웨

이 조리 스타일을 뭐라고 부릅니까?
Энэ болгох аргыг юу гэдэг вэ?
엔 벌거흐 아르긱 요 게덱 웨

이거 흔한 음식이예요?
Энэ элбэг хоол уу?
엔 엘벡 허-얼로-

음식 괜찮죠?
Хоол нь зүгээр биз дээ?
허-얼은 쭈게-르 비즈 데-

맛있어?
Амттай байна уу?
암트테 배노-

다이어트 하세요?
Хоолны дэглэм барьж байгаа юм уу?
허-얼니 덱렘 바리찌 배가- 유모-

어떻게 먹는 거예요?
Яаж иддэг юм бэ?
야찌 읻떽 윰 베

뭐 더 마실래요?
Дахиад юу идмээр байна вэ?
다햐드 요 이드메-르 밴 웨

뜨거운 물 조금만 더 주세요.
Халуун ус дахиад жоохон өгнө үү.
할로-옹 오스 다햐드 우그누-

물 더 주세요.
Ус өгнө үү
오스 우그누-

서비스가 엉망이다. Үйлчилгээ муутай юм.
우일칠게- 모-태 윰

주인이 없으니까 서비스가 엉망이네.
Эзэн нь байхгүй болохоор үйлчилгээ муу байна.
에젠은 배흐구이 벌러허-르 우일칠게- 모- 밴

너무 배불러. Гэдэс цадчихлаа
게떼스 차뜨치흘라-

저 취했어요. Би согтчихлоо
비 석C트치흘러-

술 도수가 높아요. Архины градус нь өндөр юм.
아리흐니 그라도슨 운두르 윰

술 잘하시네요. Архи сайн уудаг юм байна шүү.
아리흐 생 오-닥 윰 밴 슈-

다 먹었어요. Бүгдийг нь уучихлаа
북디-근 오-치흘라-

다 먹어. Бүгдийг нь уу, ид
북디-근 오-, 이드

계산해 주세요. Тооцоо хийнэ үү
터-처- 히-누-

부록

계산하기

계산하기
Тооцоо хийх
터-처- 히-흐

내가 저녁 산다고 했잖아.
Би оройн хоол авч өгнө гэж хэлсэн биз дээ.
비 어랭 허-얼 압치 우근 게찌 헬승 비즈 데-

더치페이해도 될까요?
Тус тусдаа тооцоо хийх
토스 토스다- 터-처- 히-흐

계산이 잘못됐어요.
Тооцоо буруу байна
터-처- 보로- 밴

돈 여기있어요.
Мөнгө энэ байна
뭉그 엔 밴

영수증 좀 주세요.
Падаан өгнө үү.
파타-앙 우그누-

싸 주세요.
Боож өгнө үү.
버-찌 우그누-

감사합니다. 아줌마.
Баярлалаа. Эгчээ
바야를라-. 에그체-

사무실

한국어	몽골어	발음
사무실	Ажлын өрөө	아질링- 우러-
파일	Файл	파일
지우개	баллуур	발로-르
테이프	кассет	카세트
계산기	тооны машин	터-니 마싱
볼펜	бал	발
봉투	дугтуй	독토이
풀	цавуу	차오-
클립	хавчаар	합차-르
자	шугам	쇼감
칼	цаасны хутга	차-스니 호탁
가위	хайч	해치
전화기	утас	오타스
팩스	факс	파크
스탬플러	ширээний чийдэн	시레-니- 치-뎅
수첩	тэмдэглэлийн дэвтэр	템덱렐리-잉 뎁테르
칼라프린터기	өнгөт принтер	웅그트 프린테르

부록

프린터기	принтер 프린테르
컴퓨터	компьютер 컴퓨테르
모니터	дэлгэц 델게츠
스피커	спикер 스피케르
노트북	ноот бүүк 너-트 부-크
USB	Флаш 플라시
디지털카메라	дижител камер 디지달 카메르
데스크톱	компьютерын дэлгэц 컴퓨테르-잉 델게츠
프린터 잉크	принтерийн хор 프린테르-잉 허르

컴퓨터활용

컴퓨터활용	Компьютер хэрэглэх 컴퓨테르 헤렉레흐
파일	файл 파일
마우스	хулгана 홀간

공시디	хоосон сиди 허-성시디
프린트지	принтерийн цаас 프린테리-잉 차-쓰
외장하드	зөөврийн хард 주-브링- 하르드
바이러스	вирус 위로스
바이러스에 감염되다.	вирустах 위로스타흐
종이가 기계에 걸리다.	цаас тээглээд гацах 차-쓰 테-글레드 가차흐
마우스 오른쪽 클릭하다.	хулганыхаа баруун товчыг дарах 홀가니하 바로-옹 텁치-익 다라흐
프로그램을 설치하다.	порограмм суулгах 프러그람 소-올가흐
포맷하다.	форматлах 퍼르마틀라흐
USB를 꼽다.	флаш залгах 플라시 잘가흐
CD를 굽다	Си дийн дээр бичих 시디-잉 데-르 비치흐

부록

인터넷이 죽었어. Интернэт ажиллахгүй байна.
인테르네트 아질라흐구이 밴

전선을 뽑다. кабелийг нь салгах
카밸리근 살가흐

바이러스 걸린것 같아. Вирустчихсан юм ши г байна.
위로스트치흐상 융 식 밴

왜 이렇게 느린거야. Яагаад ийм удаан болчихвоо
야가-드 이-임 오따-앙 벌치흐워-

기계 고장 난 것 같아요. 한번 봐주실래요?
Ивдэрчихсэн юм шиг байна. Нэг үзээд өгөөч.
입데르치흐셍 윰 식 밴. 넥 우제-드 우거-치

복사할 줄 알아요? Канон хийж мэдэх үү?
카넌 히-찌 메데후-

한 부 복사해 주실 수 있으세요?
Нэг хувь канон хийгээд өгч чадах уу?
넥 호비 카넌 히-게-드 욱치 차뜨호-?

사장 захирал
자히랄

대표 төлөөлөгч, орлогч
툴러-얼럭치, 어를럭치

통역	орчуулагч 어르초-올락치
직원	ажилтан 아질탕
공장 노동자	үйлдвэрийн ажилтан 우일드웨리-잉 아질탕
실무자	ажил хариуцагч 아질 하리오착치
점심시간	өдрийн хоол, өдрийн цай 우드링- 허-얼, 우드링- 체
출근시간	ажил эхлэх цаг 아질 에흘레흐 착
퇴근시간	ажил тарах цаг 아질 타라흐 착
월급날	цалин буух өдөр 찰링 보-흐 우드르
월급	цалин 찰링
공휴일	албан ёсны амралтын өдөр 알방 여쓰니 아므랄티-잉 우드르
휴일	амралтын өдөр 아므랄티-잉 우드르

부록

열쇠	түлхүүр 툴후-르
자물쇠	цоож 처-찌
명함	нэрийн хуудас 네리-잉 호-따스
월급날이 오다.	Цалин буух өдөр ирэх 찰링 보-흐 우드르 이레흐
비서를 뽑다.	Нарийн бичиг сонгох 나리-잉 비칙 성거흐
뽑다.	сонгох 성거흐
한국적 방식	Солонгос маягийн арга 설렁거스 마이기-잉 아락
한국어를 몽골어로 번역하다.	Солонгосоос Монголруу орчуулах 설렁거서-쓰 멍걸로- 어르초-올라흐
해고되다.	ажлаас халах 아질라-쓰 할라흐
고용하다.	хөлслөх 훌슬루흐
월세를 내다.	сарын төлбөрөө төлөх 사리잉 툴부러- 툴루흐

이리와 봐. 할 말이 있어.
Наашаа хүрээд ир хэлэх зүйл байна.
나-샤- 후레-드 이르 헬레흐 주일 밴

영어 할 수 있어요? Англиар ярьж чадах уу?
앙길라르 야리찌 차따호-

한국어를 할 수 있어요? Солонгосоор ярьж чадах уу?
설렁거서-르 야리찌 차따호-

좀 빨리 할 순 없나?
Жоохон хурдан хийж болохгүй юу?
쩌-헝 호르땅 히-찌 벌러흐구이 요

차(음료) 준비됐어요? Цай бэлэн болсон уу?
채 밸랭 벌스노-

볼펜 좀 주시겠습니다. Бал аа өгөөч.
발라- 우거-치

몽골식당 메뉴 보기

학교	Сургууль 소르고-올	중학교	дунд сургууль 돈드 소르고-올
유치원	цэцэрлэг 체체를렉	고등학교	ахлах сургууль 아흘라흐 소르고-올
초등학교	бага сургууль 박 소르고-올		

대학교	дээд сургууль 데-드 소르고-올	
일학년	нэгдүгээр курс 넥 두게-르 코르스	
이학년	хоёр дугаар курс 허여르 도가-르 코르스	
삼학년	гурав дугаар курс 고랍 도가-르 코르스	
석사	магистр 마기스트르	
박사	доктор 덕터르	
교사	багш 박시	
강사	цагийн багш 차기-잉 박시	
사학년	дөрөв дөгээр курс 두릅 두게-르 코르스	
전문대학	мэргэжил эзэмшүүлэх сургууль 메르게질 에젬슈-울레흐 소르고-올	
대학원	магистрын сургалт 마기스트링- 소르갈트	
대학원에서 공부중인	Магистарт сурч байгаа 마기스타르트 소르치 배가-	
교수	дээд сургуулийн багш 데-드 소르고-올리-잉 박시	

몽골은 어때요?

몽골은 어때요?

Монгол ямар вэ?

멍걸 야마르 웨

초원이 드넓고 아름다워요

Ногоон уудам тал нутаг нь үзэсгэлэнтэй.

너거-엉 오-담 탈 노탁은 우제스겔렝테

푸른 하늘과 흰 구름이 멋져요

Цэнхэр тэнгэр цагаан үүл нь гоё.

첸헤르 텡게르 차가-앙 우-울은 고이

겨울이 무척 추워요.

Өвөл маш их хүйтэн.

우월 마시 이흐 휘텡

날씨가 건조해서 힘들어요

Цаг агаар нь их хуурай учраас хэцүү.

착 아가-르 은 이흐 호-래 오치라-쓰 헤추-

몽골어 발음이 어려워요.

Монгол хэлний дуудлага хүнд.

멍걸 헬니- 도-뜰락 훈드

한국 사람과 몽골사람은 생김새가 비슷해요

Солонгос Монгол хүн царайгаараа түстэй.

설렁거스 멍걸 훙 차레가-라- 투스테

한국에 비하면, 겨울이 더 길고 추워요.
Солонгостой харьцуулбал
설렁거스테 하리초-올발
Монголын өвөл илүү хүйтэн бас урт.
멍걸잉 우월 일루 휘텡 바쓰 오르트

한국과 비교할 때, 몽골의 집값이 싸요.
Солонгостой харьцуулахад Монголын орон суурцны үнэ хямд.
설렁거스테 하리초-올라하드 멍걸잉 어렁 소-츠니 운 햠드

몽골행정단위

몽골의 행정단위의 아이막은 우리의 도에 해당된다.
21개의 아이막이 있고 그 하부기관으로는 솜과 박이 있다.

Архангай аймаг
아르항가이 아이막

Баян өлгий аймаг
바양 울기- 아이막

Баянхонгор аймаг
바양 헝거르 아이막

Булган аймаг
볼강 아이막

Говь-Алтай аймаг
고비-알타이 아이막

Дорноговь аймаг
도르너고비 아이막

Дорнот аймаг
도르너트 아이막

Дундговь аймаг
돈드고비 아이막

Завхан аймаг
자브항 아이막

Өвөрхангай аймаг
우브르항가이 아이막

Өмнөговь аймаг 우문고비 아이막	Хөвсгөл аймаг 흡스굴 아이막
Сүхбаатар аймаг 수흐바-타르 아이막	Хэнтий аймаг 헨티- 아이막
Сэлэнгэ аймаг 셀렝게 아이막	Говьсүмбэр аймаг 고비숨베르 아이막
Төв аймаг 툽 아이막	Дархан –Уул аймаг 다르항-오-올 아이막
Увс аймаг 옵스 아이막	Орхон аймаг 어르헝 아이막
Ховд аймаг 홉드 아이막	

반의어

반의어	эсрэг утгатай үг		
짧다	богино 버긴	길다	урт 오르트
따뜻하다	дулаан 돌라-앙	춥다	хүйтэн 휘텡

부록

두껍다	зузаан 조자-앙	얇다	нимгэн 님겡
나쁘다	муу 모-	좋다	сайн 생
나쁘다	муухай 모-해	좋다/아름답다	сайхан 새항
낮다	намхан 남항	높다	өндөр 운드르
좁다	нарийн 나리-잉	넓다	өргөн 우르겅
가깝다	ойрхон 어이르헝	멀다	хол 헐
날씬하다	туранхай 토랑해	뚱뚱하다	тарган 타르강
느리다	удаан 오따-앙	빠르다	хурдан 호르땅
비싸다	үнэтэй 운태	싸다	хямд 햠드
새, 새롭다	шинэ 신	헌, 오래되다	хуучин 호-칭
비다	хоосон 허-성	차다	дүүрэн 두-렝

어렵다	хэцүү 헤추-	쉽다	амархан 아마르항
부드럽다	зөөлөн 저-을릉	단단하다	хатуу 하토-
깨끗하다	цэвэрхэн 체웨르헹	지저분하다	бохир 버히르
무겁다	хүнд 훈드	가볍다	хөнгөн 훙궁

몽골 5대 가축

말	морь 머르	염소	ямаа 야마-
소	үхэр 우헤르	낙타	тэмээ 테메-
양	хонь 헌		

몽골사이트

주몽한국대사관	http://www.mofat.go.kr/mongolia/
주한몽골대사관	http://www.mongolembassy.com/
재몽한인신문	http://www.mnhanin.net/
몽골항공	http://www.miat.com
몽골문화원	http://www.mongolcenter.org/info.html
몽골스쿨(몽골전문포탈)	http://www.mongolschool.com
몽골클럽(몽골음악전문)	http://www.mglclub.com
몽골인터넷방송	http://www.mongoliatv.net
몽골인터내셔날스쿨	http://www.isumongolia.edu.mn
몽골 MK스쿨(선교사자녀학교)	http://www.mkschool.org